BEZIEHUNGSPROBLEME LÖSEN

Ein praktischer Leitfaden für Paare

Der große Beziehungsratgeber
für eine glückliche Partnerschaft – Wie Sie
durch Kommunikation und Bewusstsein
Ihre Beziehung vertiefen, festigen
und sogar retten können

Dajana Meißner & Uwe Meißner

Bibliografische Information der Deutschen Nationalbibliothek.

Die Deutsche Nationalbibliothek verzeichnet diese Publikation in der Deutschen Nationalbibliografie; detaillierte bibliografische Daten sind im Internet über http://dnb.dnb.de abrufbar.

Für Fragen und Anregungen:
info@eulogiaverlag.de

ISBN Print: 978-3-96967-143-6
ISBN E-Book: 978-3-96967-144-3

Originale Erstausgabe 2023

Eulogia Verlags GmbH
Gänsemarkt 43
20354 Hamburg

Lektorat: Ramon Thorwirth
Satz und Layout: Tomasz Dębowski
Umschlaggestaltung: Aleksandar Petrović

BEZIEHUNGSPROBLEME LÖSEN

Ein praktischer Leitfaden für Paare

Der große Beziehungsratgeber
für eine glückliche Partnerschaft – Wie Sie
durch Kommunikation und Bewusstsein
Ihre Beziehung vertiefen, festigen
und sogar retten können

EULOGIA VERLAG

Inhaltsverzeichnis

Vorwort

Wie schön, dass du dabei bist! Herzlich willkommen zu deinem neuen Leben in (d)einer glücklichen Liebesbeziehung!

Vielleicht findest du die Ansprache ganz schön überheblich! Na klar, ohne Frage, wenn ihr euch gerade in der eher anderen Situation befindet, wo ihr euch Fragen stellt wie:

- Ist das noch die Beziehung, die wir haben wollten?
- Womit habe ich das verdient?
- Stehe ich vor dem Scherbenhaufen meiner Liebesbeziehung?
- Ist diese Liebesbeziehung noch zu retten?

Oder wenn die Frage so lautet:

- Was bringt uns in die glückliche Beziehung?

Wir gehen einmal von der Annahme aus, dass du gerade extrem genervt von deiner Liebesbeziehung bist und du eher nach einer einfachen, guten und schnellen Lösung schaust, die dir wirklich weiterhelfen kann.

Vielleicht hast du schon einige Bücher zum Thema Liebesbeziehung gewälzt, Paartherapie gemacht und hier und da ein paar gute Tipps gefunden. Jedoch ist der große Durchbruch in Sachen „die Partnerschaft muss sich jetzt schnell verändern“ doch noch ausgeblieben. Der Frust und der Ärger steigen und du siehst, dass eure Beziehung sonst wo und die Trennung nicht allzu weit weg ist. Oder der Kopf und die Logik sagen dir: „Nichts wie raus, das Ganze beenden und auf etwas Neues hoffen.“

Das können wir natürlich nachvollziehen. Auch wir werden dir mit diesem Buch nicht die „schnelle Nummer“ oder Lösung ermöglichen können. Wenn doch, dann lasst es uns wissen. Aber wir können euch unterstützen, eure komplexen, eventuell verwirrenden Beziehungsherausforderungen oder auch -verstrickungen einfach und verständlich darzustellen. Wir helfen euch zu mehr Bewusstsein, sodass ihr euch für eine glückliche Beziehung entscheiden könnt.

Vielleicht denkst du dir gerade: „Was soll das Gelaber von Bewusstsein, wenn doch meine Ehe kurz vor dem Aus steht?“ Auch das können wir absolut nachvollziehen. Lass dich auf eine kurze Reise mitnehmen.

Der Grund, warum es gerade oder, sollen wir vielmehr sagen, schon länger nicht mehr gut läuft, liegt nicht an einem ganz bestimmten Punkt. Es sind mehrere Faktoren, die sich genauer anzuschauen gilt oder zumindest mal einen Blick darauf zu werfen. Meistens ist es leider nicht damit getan, ein Verhalten kurzfristig zu verändern. Es geht darum, dass ihr an euren eigenen wie auch gemeinsamen Herausforderungen einzeln und gemeinsam wachst.

Vielleicht kommt bei dir der Gedanke auf: „Aber selbst, wenn ich mich verändere, weiß ich nicht, ob mein Partner oder meine Partnerin überhaupt mitmacht.“

Da hast du natürlich recht. Du hast überhaupt mit allem recht. Und das wird auch so bleiben. Aber es stellt sich die Frage: Willst du überhaupt recht haben, was ist oder sein wird? Oder willst du neue Wege beschreiten, deinen Horizont erweitern, höher schwingen, Einsichten und Erkenntnisse haben und das Geschenk in deinem Partner oder deiner Partnerin erkennen, annehmen und würdigen, egal, ob es in deiner Wertung im ersten Moment positiv oder negativ ist?

Bist du bereit, deine Flügel zu spannen, dich wie ein Adler in die Lüfte zu erheben, wie ein Phönix aus der Asche aufzusteigen und die größten Durchbrüche und Veränderungen in deinem Leben zu haben, hin zu einer glücklichen Beziehung? Deinen Aha-Effekt zu erfahren und dann so viel über dich, dein Leben, deinen Partner und dein(e) Kind(er) gelernt zu haben, sodass du weißt, was zu tun ist, um in deiner (Liebes-) Beziehung glücklich zu sein?

Dann freuen wir uns sehr, dass du dabei bist, denn genau so soll es sein. Aber vielleicht möchtest du noch wissen, wer denn die beiden sind, die sich erlauben, diese Behauptungen aufzustellen.

Wer wir sind

Wir sind Dajana und Uwe Meißner, seit 2003 ein Paar. Wir haben im verflixten siebenten Jahr 2010 geheiratet und sind in unserer „glücklichen Beziehung". Dies ist aber nicht die Abwesenheit von Herausforderungen.

Denn auch wir hatten unsere Entwicklungen; wir

- waren 2020 in der Situation, in der wir darüber nachdachten, uns zu trennen,
- hatten Krisen bezüglich Geld, Machtgerangel, Businessaufbau, Sexualität und Nähe, Kommunikation miteinander und bezüglich unserer „inneren Kinder", die sich nicht gesehen und angenommen fühlten.

Aber nicht nur diese offensichtlichen Themen sind Dinge, die sich auf unsere Beziehung auswirkten. Zusätzlich spielten auch vorherige Beziehungen, unsere Ahninnen und Ahnen sowie Entscheidungen aus vorherigen Leben eine Rolle.

Seit Anfang 2000 beschäftigen wir uns mit verschiedenen Coaching-Techniken, insbesondere mit Beziehungs-Coaching, Gefühlsmanagement und Kommunikation sowie östlicher und westlicher Philosophie, Energiearbeit, Spiritualität, sibirischem und nordischem/keltischem Schamanismus, Medialität, Heilarbeit, Gong, Kundalini-Yoga, Meditation und noch einigem mehr. Aspekten aus all diesen Bereichen wenden wir in unserer täglichen Arbeit an.

Uns ist es wichtig, dass wir unsere Erfahrungen als Paar genauso einfließen lassen wie unsere professionelle Expertise, und das in einer klaren, direkten und leicht verständlichen Form. Du wirst feststellen, dass wir nicht lange herumreden. Auch wenn wir mit viel Feingefühl und Verständnis bei der Sache sind, so sprechen wir auch komplexe Themen sehr klar an.

Wir werden immer wieder die männliche und weibliche Sicht auf die Dinge berücksichtigen. Es wird Fragen und weiterführende Tipps geben. Außerdem werden wir uns, wie auch bei diesem Buch, von der geistigen Welt helfen lassen. Wir sehen das so: Warum sollen wir uns allein „den Kopf zerbrechen", wenn die geistige Welt sehr gerne unterstützt?

Du wirst feststellen, dass dieses Buch nicht einfach nur Grundlagen aus der Therapie enthält, denn das ist uns, persönlich, zu eingeschränkt. Du bist DU, ein göttliches Wesen, ein Individuum; also dürfen sehr viele verschiedene deiner Aspekte zusammenkommen, damit deine Herausforderungen gelöst werden können.

Wir selbst durften bereits zu den Themen Liebe, Beziehung und Gefühlsmanagement an einem anderen Buch mitwirken und geplant sind noch weitere. Neben den Büchern liegt der eigentliche Schwerpunkt unserer Arbeit in der Arbeit mit Menschen zu den Themen Beziehung, Kommunikation, Medialität, spirituelle Heilung und höher schwingende Energie. Für Paare und Singles haben wir ein Beziehungs-Mentoring entwickelt: „Egal, wo du in deiner (nicht-)vorhandenen Beziehung stehst, hin zu einer bewussten, heilenden und freudigen = glücklichen Beziehung."

Wir wünschen dir jetzt viel Spaß und freuen uns, dass wir dir die ein oder andere Anregung und Hilfe geben dürfen. Danke, dass es dich gibt. Deine Beziehungsarbeit ist gleichzeitig eine Heilung für dich, deine Familie, deine Kinder und die Welt.

Dajana und Uwe Meißner

PS: Wir lassen das Du/Ihr/Eure und sprechen dich direkt an – als Mensch. Ob du nun weiblich oder männlich bist, da wir das Buch für Menschen in Beziehung oder die, die es sein wollen, für Frau und Mann schreiben. Sorry an alle anderen, da wir selbst Weiblein und Männlein sind und dieses Buch von unseren Erfahrungen beeinflusst ist, können wir leider nur über diese Variante von Beziehung schreiben. Davon abgesehen geht es immer um die Beziehung zwischen Menschen und deren Herausforderung(en). Des Weiteren: Mit dem Du ist immer die Frau oder der Mann in dir angesprochen.

Sämtliche Diskussion über das Gendern in diesem Buch ist für uns deshalb keine Option.

Einleitung

Wir denken, du wirst uns zustimmen, dass gerade in der aktuellen Situation der Jahre 2019, 2020, 2021 und folgende, in denen wir gezwungen waren, mehr oder weniger 24/7 räumlich zusammen zu sein, unsere Liebes- und Lebensbeziehung mehr als je zuvor auf die Probe gestellt wurde.

Vielleicht bist du jetzt auf engstem Raum öfters im Homeoffice und der Freiraum für einen selbst wird dadurch ebenfalls geringer.

Das bedeutet, wenn du vorher die Chance hattest, ins Büro zu fahren, um dort andere Menschen zu treffen, außer deinen Partner oder deine Partnerin, dann gab es doch schon mal weniger Möglichkeiten, sich gemeinsam zu streiten.

Dies wirst du sicherlich gerade in den letzten Wochen, Monaten oder Jahren gemerkt haben – und es spitzt sich weiter zu.

Wir bringen es mal sehr deutlich auf den Punkt: Es gibt wenig Optionen, sich nicht der Wahrheit in der Beziehung zu stellen. Die Chancen, sich nicht mit dem Thema Beziehung durch Verdrängen oder Sich-aus-dem-Weg-Gehen zu beschäftigen, stehen schlecht. Entweder ihr geht jetzt gemeinsam einen neuen Weg (manchmal reicht es bereits, wenn erst mal nur einer von euch den ausgelatschten Pfad verlässt) oder aber die Trennung oder die WG der zwei Herzen ist vorprogrammiert.

Das klingt knallhart, aber die aktuelle Zeitqualität lässt leider nichts anderes mehr zu. Früher war es noch verstärkt möglich, unangenehme Themen in der Beziehung nicht ansprechen zu müssen, ohne dass es großartig eine Konsequenz hatte.

Ehrlich gesagt freuen wir uns, dass wir in einer Zeit leben, in der wir alle die Möglichkeit haben, gnadenlos ehrlich zu uns zu sein. Dich in deiner Partnerschaft so zu öffnen, dass du deine tiefsten Ängste kommunizierst und ihr euch gemeinsam in die Tiefen eurer beider Seelen schauen lasst. Ist das nicht herrlich? Das ist Loslassen von Ängsten, das bedeutet tiefes Vertrauen und Liebe, ein starkes Versprechen und das Zulassen, sich gegenseitig in die Seele zu blicken.

Wir finden, das können wir alle feiern. Endlich ist die Zeit des oberflächlichen Blödsinns vorbei, ein Zusammenbleiben wegen der Kinder oder der finanziellen Absicherung oder sonstiger gesellschaftlicher Konventionen unserer Eltern oder Großeltern.

Du willst wirklich glücklich sein in deiner Beziehung?

Dann frage dich als Allererstes:

Bist du bereit,

- zu vertrauen?
- liebevoll zu kommunizieren?
- ehrlich zu dir und zu deinem Partner oder deiner Partnerin zu sein?
- (bedingungslos) zu lieben?
- eine tiefe Seelenverbindung einzugehen?

Sicherlich wirst du jetzt sagen: „Ja, ich schon, aber mein Partner oder meine Partnerin ... Das weiß ich nicht so genau." Und weißt du was? Darum geht es nicht mal. Es geht darum, ob du dir eine glückliche Beziehung wünschst, dafür brennst, das Verlangen danach hast und bereit bist, deinen Preis dafür zu bezahlen. Was bist du bereit zu zahlen? Oder anders gefragt: Welche deiner Herausforderungen nimmst du an und löst diese für dich und deine glückliche Beziehung auf?

Am Anfang steht immer die Absicht. Wenn das in dir jetzt ein lautes Ja auslöst, wie: „Ja, ich will diese Seelenverbindung zu meinem Mann oder zu meiner Frau. Und ja, ich bin bereit, das Notwendige zu tun, auch wenn es sich nicht immer gut anfühlt!", dann ist dieses Buch genau richtig für dich. Dann freuen wir uns, dir wertvolle Hinweise, Tipps und Unterstützung zu geben, damit du dieses Ziel auch für dich erreichen kannst.

In den folgenden Kapiteln wirst du die Möglichkeiten kennenlernen, was du tun kannst, auch wenn es dir aktuell unmöglich erscheint, deine Beziehung auf ein neues Level anzuheben oder in deiner Beziehung glücklich zu sein.

Wir vermeiden die Formulierung und den Standpunkt „aus der Krise aussteigen". Wir sprechen von einem neuen Bewusstsein, vielleicht auch in deinem Fall von einem neuen Frau- oder Mannsein, was dir helfen wird, die Veränderung, den Turn in deinem Leben und in deiner Liebesbeziehung zu schaffen. Alles andere ist nettes Geplänkel, was eventuell für einen kurzen Zeitraum funktioniert, aber nicht nachhaltig genug ist und somit zu keinen neuen Resultaten führt.

Viel Freude bei der Veränderung deines Bewusstseins und somit deiner Liebesbeziehung.

1 Deine Liebesbeziehung auf dem Prüfstand

1.1 Wozu sollte ich jetzt noch meine Liebesbeziehung retten wollen? Setze ich damit nicht auf ein „totes Pferd“? Woher weiß ich, dass es sich lohnt?

Natürlich können wir dir in diesem Buch nicht sagen, ob es sich individuell lohnt, an deiner Beziehung zu arbeiten. Vielleicht hat es auch gar keinen Sinn mehr. Aber stattdessen möchten wir dir folgende Fragen stellen:

- Liebst du deinen Partner oder deine Partnerin?
- Hast du sie oder ihn (jemals) geliebt?
- Bist du gewillt, neu zu lieben und geliebt zu werden von deinem jetzigen Partner?
- Willst du in deiner Liebesbeziehung lieben? Ist dir das wichtig?
- Willst du in deiner Liebesbeziehung glücklich sein?
- Willst du diese aktuelle Beziehung noch führen?
- Was bedarf es von deiner Seite und dem Gegenüber, damit ihr euch wieder eine glückliche (Liebes-)Beziehung erschafft?
- Was hält dich in dieser Beziehung?
- Wie soll deine Liebesbeziehung sein?

Nimm dir dazu bitte einen Block oder ein Notizbuch und beantworte die oben genannten Fragen ganz ehrlich. Da es in fast jedem Kapitel Fragen und Anregungen geben wird, ist es sinnvoll, diesen Block oder dieses Notizbuch gleich als „Arbeitsbuch“ zu nutzen.

Wenn jetzt in dir ein kleines „Ego-Motz-und-Rechthabe-Monster“ hochkommt, das sagt: „Ja, ich weiß das ja schon, aber dann müsstest du mal meinen Partner oder meine Partnerin fragen. Das ist doch das Problem“, dann sagen wir dazu: „Liebes ‚Ego-Motz-und-Rechthabe-Monster‘, willst du jetzt die Klappe halten und deine Seele sprechen lassen oder wie immer das Gleiche machen, nämlich motzen, und nichts ändert sich?“

1.2 Ich habe die Schnauze voll von seinem oder ihrem Verhalten!

Wir denken, du wirst sehr genau wissen, wovon wir gerade schreiben. Die Situation, wenn dein Partner zum wiederholten Mal ein Verhalten an den Tag legt, das du völlig unangenehm, gerade total daneben oder als sehr verletzend empfindest. Vielleicht habt ihr aktuell auch konträre Einstellungen zu bestimmten Lebensthemen.

Wir kennen dies auch persönlich und wissen was für alte Geschichten und Bilder bei dir durch den Kopf gehen. Die Frage ist: Wollen oder sollen wir uns dazu hier über mehrere Seiten austauschen und ihr findet es super, dass es anderen auch so ergeht, fühlt euch verstanden und abgeholt? Oder lassen wir die Vergangenheit mal ruhen und machen etwas anderes?

Das andere finden wir besser und du sicherlich auch, da du ja nicht in der Vergangenheit schwelgen oder brühten willst, sondern möglichst schnell deine Gegenwart, das Jetzt gestalten möchtest.

Okay, bevor es losgeht, schnappe dir einen Stift und dein Arbeitsbuch, nimm dir 15 Minuten Zeit für den Anfang, in der du nicht gestört werden willst.

Die folgende pragmatische Anleitung beruht auf zwei grundsätzliche Regeln.

1. Frage dich, beziehungsweise fragt euch: Was ist deine **eigene Absicht** (mit diesem Gespräch, dem Treffen, der Aktion etc.)?
2. **Höre mit dem Herzen** zu.

Beherzigst du diese Grundregeln und wendest sie an, so hast du die Möglichkeit geschaffen, eine Änderung in deiner Beziehung herbeizuführen.

Deine Unterstützungsaufgaben:

1. Was stört dich an deinem Partner, beziehungsweise welches Verhalten stört dich?
2. Wann und in welchem Zusammenhang zeigt er dieses Verhalten?
3. Was für ein Gefühl löst es bei dir aus?
4. Woher kennst du dieses Gefühl? Woran erinnert dich dieses Gefühl?
5. Was möchtest du stattdessen fühlen? Wie ist dein inneres Bild dazu?
6. Was sind die Schritte, die du dir von ihm wünscht? Bis wann?
7. Wahrscheinlich kennst du auch schon die Kritikpunkte deines Partners. Was kannst du bei dir sehen? Was bist du bereit zu ändern und bis wann?

Hier ein kleiner Plan, was du jetzt tun kannst – oder ihr gemeinsam – als Vorbereitung für euer klärendes Gespräch. (Nehmt euch bitte zu Beginn nur ein Thema vor und geht nicht so sehr ins Detail. Also es geht nicht um die herumliegenden Socken, sondern um beispielsweise darum, nicht beachtet oder geachtet zu werden.)

1. Lege fest, was du am Ende des Gesprächs haben wirst. Am besten ist es, du gehst über das Gefühl. Wie fühlt es sich für dich oder euch beide an? Lege fest, welches Gefühl du am Ende hast oder mache es messbar. Welches Ergebnis wird aus dem Gespräch entstehen? – Damit hast du deine Absicht festgelegt.
2. Wir empfehlen dir, immer um positive Unterstützung für das Gespräch zu bitten, sei es bei der geistigen Welt oder bei dem, woran du glaubst.

3. Wählt gemeinsam einen Termin aus und macht diesen zu eurem wichtigsten an diesem Tag. Haltet diesen Termin für euch, komme, was wolle, ein. Zum einen zeigt ihr dadurch eure Wertschätzung dem anderen gegenüber sowie für eure Beziehung und zum anderen habt ihr euch zu diesen gemeinsamen Termin verpflichtet. Darüber hinaus bedarf es gegebenenfalls einer kleinen Vorbereitung. Für die Männer unter uns ist es wichtig, sich zeitlich, faktisch und emotional darauf einzustellen, und für die Frauen unter uns, ihre Emotionen etwas abzukühlen und die Dinge auch mal von der anderen Seite anzusehen. Natürlich kann das auch komplett andersherum sein – wir tragen ja beide Anteile in uns – den weiblichen sowie den männlichen Teil.
4. Vereinbart, dass ihr beide vor eurem Gespräch notiert (und das in positiver Sprache), was das Verhalten des anderen bei euch auslöst.
   Bitte vermeide:
   „Du bist immer so ignorant, beachtest mich nicht …“
   Oder:
   „Du bist immer so zickig, fällst mir in den Rücken …“
   Sondern sage eher:
   „Wenn du dich nicht mit mir unterhältst oder nichts dazu sagst, wenn wir ein herausforderndes Thema besprechen, fühle ich mich nicht gesehen, wertgeschätzt und allein.“
5. Notiert zusätzlich beide, wie ihr es euch wünscht. Wie willst du dich fühlen?
6. Sei so offen und ehrlich im Gespräch, sieh deinen Partner und seine Bedürfnisse. Höre genau mit dem Herzen zu – das ist die Basis für eine gute Beziehung.
7. Sei bereit, auch seine Punkte anzuerkennen.
8. Legt gemeinsam die nächsten Schritte fest. Wer will bis zu welchem Zeitpunkt was verändern, beziehungsweise für sich oder den anderen tun?

1.3 Er zieht sich zurück und kommuniziert kaum!

Ich denke, die meisten Frauen werden diese Situation kennen. Denn das ist genau das, was uns Frauen so wütend macht. Wir gehen davon aus, dass dieses Verhalten der Nicht-Kommunikation auch in deiner Beziehung präsent ist.

Und die ehrliche Frage ist: Was fühlst du, wenn sich dein Partner zurückzieht? Was ist dann in dir los? Gibt es hierzu vielleicht Erinnerungen oder etwas, das du gar nicht mehr erleben wolltest?

Wir geben dir mal ein paar Beispiele. Wo findest du dich wieder?

- Du fühlst dich allein verantwortlich für die Kinder und alles, was es zu erledigen gibt.
- Du fühlst dich gnadenlos überfordert.
- Es macht dich wütend, dass er nicht bereit ist, Herausforderungen mit dir zu teilen, auszudiskutieren und die Verantwortung zu teilen oder an dich abzugeben.
- Du findest es – sorry für dieses Wort, aber es war gerade sehr präsent – zum Kotzen, dass er dich so allein lässt? Du fühlst dich geschwächt und einsam, selbst wenn Kinder, Freunde und Verwandte irgendwie präsent sind.

Uns ist vollkommen klar, dass diese Situationen so ziemlich alles an unangenehmen Gefühlen hochkommen lassen.

Diese Gefühle, die bereits in dir sind, werden unter anderem in deiner Beziehung durch die Waffen des Mannes (siehe Kapitel 01.12) oftmals getriggert, verstärkt und wollen gelebt werden.

Um die Gefühle und das dahinter liegende Thema zu verändern, bedarf es natürlich, dass man sich die Situationen individuell anschaut, auflöst und transformiert.

Was du als Frau tun kannst, wenn du dich in dieser Situation befindest:

1. Fühle zunächst: Wie ist es bei dir, welcher Schmerz kommt konkret hoch?
2. Woran erinnert dich dieser Schmerz?
3. Sehr oft ist es so, dass dieser Schmerz bereits durch die Ahnenlinie entstanden ist und somit an dich weitergegeben wurde. Deshalb ist es nicht nur wichtig, sich das Verhältnis zu den Eltern anzuschauen, sondern auch das der Ahnen. Dies lässt sich in Ritualen transformieren.
4. Erst wenn dieser innere Prozess ohne Groll angegangen wird, ergibt es Sinn, gelassener mit dem Partner zu kommunizieren.

Natürlich kannst du mit deinem Partner bereits früher kommunizieren, aber wenn du eine finale Klärung wünscht, ist die innere Arbeit vorab sehr wichtig.

Vielleicht stellst du dir die Frage, warum er sich so verhält. Wie gesagt, das kann man oft genauer in einem detaillierten Gespräch herausfinden.

Aber sehr oft hängt es mit den eigenen, inneren Schmerzpunkten zusammen und der dementsprechenden Energie, die man aussendet. Das ist kein Vorwurf, denn viele Dinge sind uns einfach nicht bewusst. Und wir selbst arbeiten auch mit Waffen, die wir uns im Laufe unseres Lebens angewöhnt haben.

Also geht es erst mal darum, diesen alten Schmerz, wo immer er herkommt, zu verändern, sich das persönliche Waffenarsenal anzuschauen und zu verändern.

Keiner möchte mit Nichtachtung und Liebesentzug missachtet werden. Der Weg ist jedoch, in die Selbstverantwortung zu gehen.

1.4 Ich rege mich immer auf, weil er alles herumliegen lässt oder sich im Haushalt nicht bemüht

Unsere Erfahrung zeigt, dass sich meistens Frauen über die Männer beklagen.

Woher kommt so etwas? Tatsächlich darf man sich dieses Thema individuell anschauen.

Es gibt zum einen den Faktor, dass man als Frau das Bild der guten, ordentlichen Frau erfüllen möchte. Mädchen wurden zur Ordentlichkeit und Sauberkeit erzogen und dieses Programm wurde erfolgreich übernommen und gelebt. Dagegen ist nichts Schlechtes zu sagen. Es geht nur darum, kritisch zu schauen, ob dieses Programm genau so weitergelebt werden will. Ist es eventuell zu penibel und es würde der Frau guttun, einfach mal Fünfe gerade sein zu lassen?

Falls das nicht der Fall ist, stellt sich die Frage: Wieso lasse ich mir das als Frau gefallen?

Habe ich mit meinem Partner eine klare Vereinbarung getroffen, wer wann etwas im Haushalt übernimmt?

Falls nicht, ist das eine gute Gelegenheit. Des Weiteren stellt sich die Frage: Was ist das Selbstverständnis oder der Eigenwert der Frau? Darf der Mann so entwertend durch sein rücksichtsloses Verhalten sein? Wie ist die eigene Wertschätzung als Frau? Kann es sein, dass sich die Bilder des Elternhauses einer klassischen Rollenverteilung im Unterbewusstsein eingebrannt haben?

Und was wir aus Rückführungen wissen, ist, dass die Paare schon mehrere Leben miteinander als Paar verbracht haben. Das heißt, in diesen Leben handelte es sich nicht um Socken, die herumlagen, sondern vielleicht um Waffen oder Mammutknochen, die die Frau beseitigen durfte. Diese damit verbundenen Gefühle können bis heute noch greifen.

In diesem Kapitel geht es nicht darum, dass die Frau jetzt allein an diesem Thema arbeiten muss. Wer aber die meiste Herausforderung mit einer Situation hat, darf als Erstes bei sich gucken.

Was kannst du also tun? Nicht nur ihr Frauen, sondern auch ihr Männer!

- Achte auf die Dinge, die du denkst, sprichst, tust und das entstandene Resultat.
- Sei dir bewusst und klar über deine Gefühle.
- Reflektiere dich selbst:
  - Was triggert dich? Wie reagierst du? Oder agierst du schon aus Gewohnheit?
  - Willst du das verändern oder beibehalten? Was könnte das Ergebnis sein, wenn du das eine oder andere tust?
  - Wiederholt sich die Situation beziehungsweise das Ergebnis? Gehe der Ursache auf den Grund. Was ist es, dass du wiederholt dieser Situation ausgesetzt wirst? Ein offenes Gespräch kann dich da schon weiterbringen und manchmal ist eine Unterstützung durch eine Beratung, Mentoring, Coaching, gegebenenfalls therapeutische oder psychologische Betreuung notwendig.
- Gehe offen mit der Situation und den Themen gegenüber deinem Partner um, kommuniziere mit ihm/ihr. Teile mit, was dein Thema ist und dass du daran arbeitest oder bereits die Lösung gefunden hast und wenn nicht, dass du dir Unterstützung wünschst oder bereits gefunden hast.
- Wichtig ist, was du dir für die Zukunft wünschst, dies für dich klar definierst und entsprechend eindeutig, wertschätzend sowie offen kommunizierst.

Triff für dich eine Entscheidung, stehe für dich ein und gib dir selbst das Versprechen.

1.5 Was macht einen Mann (un-)attraktiv?

Attraktiv	Unattraktiv
▪ Lächelnd/lachend ▪ Klare, offene, wertschätzende Kommunikation ▪ Gemeinsam Lösungen in der Partnerschaft finden ▪ Bedürfnisse und Wünsche aus- und ansprechen ▪ Ist agil/spontan ▪ Geistige und körperliche Beweglichkeit ▪ Kraftvoll, energisch, energievoll ▪ Begeisternd, begeisterungsfähig ▪ Wertschätzend gegenüber Menschen, im Speziellen gegenüber Frau, Mann, Tier und Natur ▪ Neugierig, wissbegierig ▪ Klar in seiner Sprache und Handlung / Wort sagen, Wort halten ▪ (Liebevoller) Macher ▪ Weiß, wer er ist, wo er steht und wohin er will ▪ Mission und Vision sind keine Fremdwörter, sondern im Alltag integriert ▪ Vertritt seine Meinung ▪ Gesunde Mischung aus Kuschelbär und kraftvoller Typ ▪ Gepflegt, achtet auf sein Äußeres ▪ Ausstrahlung, Anziehung, kann die Energie halten und nach oben ziehen ▪ Witzig ▪ Hilfsbereit ▪ Aufmerksam und zuvorkommend	▪ Pantoffelheld, Couchpotato ▪ Dominierend ▪ Macho-Gehabe, Frau gehört an den Herd und ist für die Kinder da ▪ Ausweichend und auf Abstand gehend ▪ Zieht sich zurück und schließt damit andere aus ▪ Starre – körperlich wie geistig, bloß keine Veränderung ▪ Eintönigkeit ▪ Egoistisch/ichbezogen anstelle von wir, gemeinsam sein ▪ Ungepflegt ▪ Niedrige Energie ▪ Zum Lachen in den Keller gehen ▪ Geringer Selbstwert ▪ Verantwortung vermeiden, Entscheidungen anderen überlassen ▪ Nicht greifbar sein ▪ Konfliktscheu ▪ Kommunikationsmuffel ▪ Viel reden, aber keine Taten folgen lassen, beziehungsweise ohne Aussage sprechen ▪ Nur Problem-fixiert und unwillig, Lösung zu schaffen, ob allein oder gemeinsam ▪ unzuverlässig ▪ Ziel- und planlos in den Tag leben ▪ Die graue Maus in der Masse beziehungsweise der Gockel auf dem Misthaufen ▪ Das falsche Parfüm / Eau de Toilette ▪ Die Rechnung teilen

1.6 Was macht eine Frau (un-)attraktiv?

Attraktiv	Unattraktiv
▪ Gepflegt, achtet auf ihr Äußeres ▪ Aufrechter Gang, Körperhaltung ▪ Gut gekleidet ▪ Angenehme Stimme ▪ Frau zeigt sich, wie sie ist, ohne dabei die Kleines-Mädchen-Nummer abzuziehen ▪ Offenheit ▪ Positive Ausstrahlung ▪ Ausstrahlung und Anziehung. Frau ist sich bewusst darüber, dass und wie sie ihre Vorzüge einsetzt – geistig wie körperlich ▪ Präsent, mit hoch schwingender Energie ▪ Bewusstsein über die eigene Kraft, Energie und die Wichtigkeit ihrer Person in und für die Familie ▪ Sie ist die Königin unter den Prinzessinnen ▪ Auf einer Ebene miteinander sein ▪ Geistreich ▪ Obwohl sie die starke, emanzipierte Frau ist, zeigt sie sich auch von ihrer weichen, verletzbaren Seite ▪ 90-60-90, ist aber nicht das Ausschlaggebende ▪ Das gewisse Etwas, schwer zu beschreiben und individuell ▪ Augen für die einen und Rundungen für die anderen ▪ Geruch ▪ Gepflegte Hände	▪ Ungepflegt ▪ Kleidet sich unangemessen, beispielsweise 50-Jährige kleidet sich wie 21-Jährige oder umgekehrt ▪ Einen auf faltenlos und jugendlich machen ▪ Übertriebene Kritik ▪ Über Männer lästern ▪ Ihr einziges Thema: Bin ich zu dick oder zu dünn, nicht hübsch genug? ▪ Übertreibung bei der Nutzung von Kosmetika; Obacht bei Sprüchen wie „Spachtelmasse gibt es günstiger im Baumarkt“ ▪ Übertriebene Schönheitsideale / Plastische Chirurgie, die nicht zu übersehen ist ▪ Emotionslos ▪ Stimmlage, beispielsweise wie auf Helium beziehungsweise, wenn Figur und Stimme total gegensätzlich sind ▪ Die Emanze raushängen lassen ▪ Wie ein Wasserfall reden und keiner kommt dazwischen ; dann der Spruch „Du sagst ja gar nichts“ oder „Willst du nicht auch mal was von dir erzählen?“ ▪ Primitiv sein oder einen auf doof machen ▪ Von oben herab, „Na, was hast du zu bieten?“ ▪ Unterminieren ▪ Geringer Selbstwert ▪ Ständige Unsicherheit

1.7 Sie meckert nur noch den ganzen Tag und ist unzufrieden!

Ja, das ist sicherlich eine der Waffen, die sehr häufig von Frau eingesetzt wird. Natürlich sind wir Frauen zunächst unzufrieden, wenn wir eine Situation vorfinden, die uns total überfordert, vielleicht auch emotional ausbluten lässt.

Für die Männer ist es wichtig zu wissen, dass wir Frauen sehr zyklisch agieren. Das bedeutet nicht nur, dass wir dem Monatszyklus, also hormonellen Zyklen, unterworfen sind, sondern auch dem Mondzyklus. Nach der Tradition der Kundalini-Yoga-Lehre verändert sich etwa alle 2,5 bis 3 Tage der sogenannte Mondpunkt der Frau.

Zudem ist es so, dass wir Frauen den Kontakt zu unserer wahren, göttlichen Natur nicht mehr wahrnehmen können. Wir fühlen uns oft abgeschnitten davon und dadurch tief verunsichert.

Unser Kraftzentrum, die Gebärmutter, ist energetisch sehr oft verunreinigt. Mehr darüber erfährst du in Kapitel 05.10. Das bedeutet, wir Frauen sind sozusagen mit ungünstiger Energie vollgepumpt. Das Glas ist sozusagen voll und neuer Input oder Energie verdichtet das Ganze oder bringt es zum Überlaufen. Wenn dann noch mehrere Stressphasen im Außen bestehen, dann richtet sie die Energie gegen sich selbst oder ins Außen und aus Liebe wird mit der Zeit das Gegenteil.

Eine unserer Ausbilderinnen sagte mal, wenn die Tankstelle nicht mit Energie gefüllt ist, dann kann niemand mehr auftanken. Damit ist gemeint, wenn die Frau nicht in ihrer Kraft ist, dann können sich weder Kinder, Mann oder die Familie energetisch aufladen.

Wir Frauen haben natürlich Wünsche und Erwartungen und oft läuft in uns ein automatisches Programm ab, das wir noch nicht unterbrechen konnten. Dann sind wir nicht mehr die schnurrenden Katzen, die 5-Sterne-Köchinnen, die fürsorglichen Frauen und Mütter oder die „Vamps“ in der Vollmondnacht, sondern eher das komplette Gegenteil.

Für uns Männer kann es sehr unangenehm werden, wenn eine Frau ins Gegenteil schwenkt. Nur wir befeuern das Ganze noch, weil wir glauben, dass wir sie da am besten in Ruhe lassen und fahren unser Ich-ziehe-mich-zurück-Programm.

Das, was der Frau wirklich hilft, liebe Männer: Wendet euch ihr zu. Nehmt sie in den Arm, öffnet euer Herz und fragt sie, was ihr für sie tun könnt. Küsst sie und spürt das Wesen / die Kleine, die gerade für den Moment hilflos und überfordert ist. Männer, seid in diesem Moment der Fels in der Brandung, die Eiche im Sturm – ihr Hero – und lasst die Logik und die Lösungsvorschläge außen vor.

Stellt euch dieser Situation und erfüllt ihre Wünsche. Das müssen keine großen Wünsche sein. Fragt sie, ob sie eine Wärmflasche wollen, sich hinlegen, ihr sie halten sollt, sie etwas Obst oder Essen wünschen.

Fragt sie einfach, was ihr für sie tun könnt. Das wirkt Wunder. Langfristig darf natürlich an der Ursache des Unmutes gearbeitet werden und gegebenenfalls dürfen hier Maßnahmen besprochen werden, damit sich die Frau wieder aufladen kann.

Liebe Männer, es ist in eurem Interesse und dabei spielt es keine Rolle, ob es diese oder eine andere Partnerin ist, verstehen zu lernen, dass Frauen die Energiequelle in sich tragen.

Bei aller Diskussion um Männer und Frauen sowie der Gender-Diskussion: Das Ziel in einer friedlichen und freudigen Beziehung jeglicher Art darf es sein, dass Frauen lernen, wer sie sind und ihr Kraftzentrum auf Top-Level zu halten, um so die Verbindung zum Göttlichen zu spüren. Die energetische Kraftquelle ist so wichtig.

1.8 Sind die heutigen Erwartungen in einer Beziehung eigentlich zu hoch?

Diese Frage ist natürlich absolut berechtigt. Die Frage ist: Was erwartest du von deinem Partner und was erwartet dein Partner von dir?

Wir sehen es so, dass es keine Beziehung ganz ohne Bedingungen geben kann. Denn dazu sind wir teilweise noch zu egobezogen und zum Engel mit Heiligenschein braucht es dann doch noch etwas. Jeder darf für sich klar definieren, was seine Grenzen sind und was er sich unter einer guten (Liebes-)Beziehung vorstellt. Nicht zu vergessen ist dabei, dein Gegenüber darüber zu informieren, manche nennen es auch miteinander sprechen, am besten auf Herzensebene.

Der Fehler, den heutzutage allerdings viele Paare machen, liegt darin, dass der Partner kontinuierlich eine Lücke füllen muss. Damit ist gemeint, dass der Partner Erwartungen erfüllen muss, die aus seinen eigenen leidvollen Erfahrungen heraus entstanden sind.

Sei ehrlich zu dir selbst und nutze deinen Stift und „Arbeitsbuch".

Schreibe dir gerne auf:

- Was dein Partner dir wirklich erfüllen soll.
- Welche Gefühle soll dir dein Partner bereiten?

Wenn du dir für diese Fragen wirklich Zeit nimmst, wird dir klar sein, was für einen Anspruch du selbst schon hast. Wie hoch ist die Wahrscheinlichkeit, dass er/sie dir das alles erfüllen kann?

Schau dir als Nächstes deine Liste nochmal an und frage dich:

Welcher von deinen Ansprüchen soll etwas ausgleichen, was du entweder nie wieder erleben beziehungsweise fühlen wolltest oder aber, wo du den Eindruck hast, wenn er/sie das tut, dann ist dein Selbstwert dadurch gestiegen.

Ein Beispiel könnte sein:

Mein Anspruch an meinen Partner ist es, dass er/sie jeden Tag mit mir kuschelt oder Sex hat und mir sagt, wie sehr er/sie mich liebt. Was passiert, wenn das nicht täglich eintritt?

Steigert dieser Anspruch meinen Selbstwert? Oder aber, welches Gefühl soll mit diesem Anspruch nicht mehr gefühlt werden? Vielleicht das Gefühl des Nicht-Angenommenseins oder aber das Gefühl, nicht geliebt oder gewollt zu sein?

Es ist überhaupt nicht schlimm, diesen Anspruch zu haben und diesen Wunsch zu äußern. Der Anspruch wird nur dann zu hoch, wenn man einen inneren Mangel erlebt, sobald dieses Bedürfnis nicht (täglich) befriedigt wird.

Umso mehr du also dem eigenen Anspruch auf den Grund gehst und dir diese zwei Fragen stellst, desto eher kannst du dein Leben nach deinen Wünschen verändern.

Alle Ansprüche, die dazu dienlich sind, den eigenen Selbstwert steigern zu wollen oder ein Gefühlsdefizit auszugleichen, sind erst einmal super Hinweise, um bei sich zu schauen und diese aufzuarbeiten.

Denn man darf den Partner fragen, ob er mit zum Beispiel täglichem Kuscheln oder Sex behilflich dabei ist, gegebenenfalls den Liebesmangel der Kindheit auszugleichen, aber dann hat der Partner die Wahl zu entscheiden und man selbst die Klarheit, was wirklich in einem vor sich geht.

Der nächste Aspekt und die nächste Liste, worauf wir verweisen wollen, ist:

Mache eine Liste mit dem, was du deinem Partner gerne geben willst. Es geht also nicht nur um Ansprüche, sondern darum, womit du Freude empfindest, ihm/ihr etwas zu geben.

In unserem Fall ist es so, dass ich (Dajana) mich gerne darum kümmere, dass wir gesundheitlich gut versorgt sind. Und ich (Uwe) koche sehr gerne mal etwas für Dajana, weil ich weiß, dass es für sie ein Ausdruck von Liebe ist. Ich habe dabei eine meditative Haltung und das macht sich auch gleich geschmacklich im Essen bemerkbar.

Statt nur in Ansprüchen zu denken, ist es genauso gut, einfach mal die Was-gebe-ich-gerne-meinem-Partner-Liste aufzustellen.

1.9 Eigentlich sprechen wir nur noch wenig miteinander und jeder lebt in seiner eigenen Welt!

Das ist eine Phase, in der man unter Umständen die Phase mit viel Streitigkeiten bereits hinter sich gelassen hat.

Um da herauszukommen, bedarf es zunächst der Erkenntnis, dass es gerade so ist, wie es ist, und einem Versprechen zur Veränderung.

Seid ihr beide bereit,

- euch zu öffnen?
- Verantwortung für den Status quo eurer Beziehung zu übernehmen?
- euch unterstützen zu lassen, um glücklich zu sein?
- dafür die notwendigen Schritte zu unternehmen, auch wenn es sich nicht immer gut anfühlt?

Hierbei ist noch nicht geklärt, ob die Partnerschaft bestehen bleiben soll oder es getrennte Wege geben wird. Das wird sich zeigen. Wenn diese Kommunikation und dieses Versprechen hergestellt werden konnten, dann sollte man sich einfach eine gute Unterstützung suchen.

Wichtig ist hierbei, es sollten sich beide wohl und verstanden fühlen.

Alles andere ergibt sich dann im Prozess. Kläre dieses Versprechen bitte mit deinem Partner, damit ihr beide wieder ein freudiges, lebendiges Leben führen könnt.

Alle anderen Maßnahmen ergeben wenig Sinn. Denk daran, Liebe ist auch eine Entscheidung und persönliches Wachstum ist das, was die

Seele uns oft durch den Partner vermittelt. So haben wir immer die Gelegenheit, egal, wie sich die Beziehung entwickelt, dankbar zu sein. Selbst wenn er nicht der richtige Partner in deinem Leben sein sollte, so konnte der eigene innere Schmerz, das Trauma, egal, ob durch die Ahnen oder selbst erlebt, oder gar alte, karmische Verstrickungen an die Oberfläche geholt werden, damit diese transformiert werden können. Ist das nicht eine phantastische Gelegenheit?

1.10 Ist er eigentlich noch der Mann oder sie die Frau meines Lebens? – Eure (Liebes-)Beziehung auf dem Prüfstand

Na, seid ehrlich und Hand aufs Herz, manchmal oder des Öfteren könntet ihr sie oder ihn auf den Mond schießen. Bei uns ist dies das ein oder andere Mal auf jeden Fall so und wenn es gerade kriselt, dann umso mehr. Ist es berechtigt zu fragen: Wo stehen wir beide eigentlich und ist er oder sie noch die Richtige? Wir finden ja, es gehört nun mal dazu, auch die Beziehung zu hinterfragen.

Wie aber findest du das heraus? Wie kannst du dir sicher sein, ob dem so ist oder nicht?

Du kannst zunächst nur das bewerten, wo ihr aktuell steht. Auch wenn wir medial arbeiten und sicherlich aus der geistigen Welt die Info bekommen, ob er oder sie passend ist, so ist es die Aufgabe eines jeden, in sein Inneres zu gehen und zu spüren, was stimmig ist. Super ist es, wenn ihr beide bereit seid, an euch zu arbeiten, und es gemeinsam angeht.

Hier zeigen wir dir eine Technik, um herauszufinden, ob er oder sie noch der oder die Richtige ist.

Sorge dafür, dass du nicht gestört wirst – Telefon/Handy am besten ausmachen – und nimm dir die Zeit für dich.

Setze dich bequem auf einen Stuhl oder auf ein Kissen im Schneidersitz und achte dabei auf einen geraden, aufrechten Rücken, lege deine

Hände locker und entspannt auf deine Oberschenkel oder in den Schoß. Schließe, wenn du magst, deine Augen.

Bitte um Schutz zum Beispiel durch Erzengel Michael. Wenn dir ein anderer Erzengel vertrauter ist, dann bitte ihn um Schutz oder wähle deine Art des Schutzes.

Atme dreimal lang und tief ein. Dabei wölbt sich der Bauch und der Brustkorb füllt sich. Du atmest aus, dein Brustkorb leert sich und der Bauch geht nach innen. Versuche, etwas länger auszuatmen, als du einatmest. Tue dies ganz entspannt in deinem Tempo und komme da an, wo du gerade bist. Setze den Fokus auf dich und deine Bereitschaft, eine neue Erfahrung zu machen.

Lass deinen Atem gleichmäßig und entspannt fließen. Solltest du noch etwas unruhig sein, so konzentriere dich auf deinen Atem und atme lang und tief ein und aus. Lass dir dabei ruhig ein, zwei Minuten Zeit.

Stelle dir nun vor, dass aus deinen Füßen und dem Steißbein Wurzeln wachsen, die sich mit dem Boden, der Mutter Erde, verbinden und immer tiefer in die Erde wachsen. So, dass du dich mit Mutter Erde verbindest und du Halt und Stabilität erfährst.

Du atmest lang und tief. Beim Einatmen füllen sich Bauch und Brustkorb mit Luft. Du lässt die Luft aus deinem Brustkorb und Bauch entweichen und ziehst ihn noch etwas nach innen, sodass alle Luft raus ist und Platz für das Neue ist. Dies machst du einige Male und fokussierst dich auf deinen entspannt fließenden Atem.

Als Nächstes nimmst du wahr, wie deine Wirbelsäule die Form eines gläsernen Strangs annimmt und durch deinen Scheitel beziehungsweise dein Kronenchakra goldenes oder weißes Licht in und durch deinen Körper fließt.

Bitte nun um Kontakt mit deinem Seelenführer.

Spüre in dich hinein. Was hörst du, was spürst du, was siehst du?

Und stelle nun sehr präzise deine Frage: Ist der Mann oder die Frau an meiner Seite der oder die Richtige? Du kannst natürlich auch weitere präzise Fragen formulieren, wie: Wer ist konkret der Lebenspartner, den meine Seele sich wünscht?

Du wirst es spüren, denn du bekommst ein Zeichen. Entweder ist es ein Bild, ein Satz, ein Gefühl – manche Menschen riechen oder schmecken auch den richtigen Partner.

Wenn du nichts wahrnehmen konntest, dann bitte um weitere Zeichen.

Manchmal empfiehlt sich, dazu in der Natur zu sein, ohne Ablenkung, ohne Handy oder Musik auf den Ohren, einfach ganz allein mit dir.

Stelle deinem Seelenführer, während du läufst oder du auf einer Bank oder auf der Wiese sitzt, dieselbe Frage und bitte um ein klares, eindeutiges Zeichen, das du auch verstehen kannst.

Wir wissen, dass die Wahrheit in dir liegt. Dafür benötigst du keine weitere Person. Vertraue dir. Mit etwas Übung und gemachten Erfahrungen wirst du sicherer werden.

1.11 Was ist die Ursache dafür, dass wir uns oft nicht verstehen? Was dürfen wir verändern?

Ihr kennt sicher den Spruch: Männer sind vom Mars und Frauen von der Venus. Ob dem so ist, wir wissen es nicht. Was wir wissen, ist, dass es bei uns das ein oder andere Mal so ist, dass wir uns nicht verstehen oder verstehen wollen. Sehr oft meinen wir dasselbe, aber bringen es anders zum Ausdruck.

Wie kommt es dazu?

Wir haben verlernt,

- wie man richtig miteinander kommuniziert, sich ausdrückt, so, dass der andere einen versteht.

- wie man
  - mit sich selbst spricht,
  - von sich selbst spricht,
  - sich zuhört,
  - seinem Gegenüber zuhört.
- einander den Raum und die Zeit zu geben, sich auszudrücken, ohne gleich reinzugrätschen.
- Entscheidungen für uns zu treffen.
- Entscheidungen miteinander zu treffen, ohne dabei dem anderen die Entscheidung abzunehmen.
- im Hier und Jetzt zu sein.

Wir schleppen

- unsere alten Partnerschaften mit uns herum und vergleichen sie mit der jetzigen.
- unsere Vorbilder und Anti-Vorbilder mit; sei es aus dem direkten Umfeld, wie Vater, Mutter oder Großeltern sowie aus der lieben Flimmerkiste oder der digitalen Welt.
- unsere Erlebnisse mit, bei denen wir
  - fröhlich, zufrieden, eins mit uns und der Welt waren, die wir aber tief vergraben haben. Es ist an der Zeit, sich wieder daran zu erinnern. An dieser Stelle seien nur ein, zwei Beispiele genannt: Als Kind hingefallen, Papa oder Mama haben dich aufgehoben, kurz abgeputzt, Spucke auf die Wunde (heute ist es wohl eher Desinfektionsmittel), dreimal gepustet, es gab einen Kuss und alles war wieder gut und es ging weiter. Du hast geweint, Beachtung bekommen oder gar ein Stück Schokolade und schon war die Sirene aus und dein Fokus hat sich verändert.
  - uns verletzt gefühlt haben, Angst, Unverstanden, im Stich gelassen, allein waren, es für uns ungute Situationen gegeben hat und wir uns geschworen haben, diese nie wieder zu fühlen und es uns immer wieder wie ein Gebet wiederholt haben. Daraus sind unsere

> Dramen und Traumata entstanden, die wir in uns tragen. Kommt dann mal wieder so eine Situation oder Gefühl, schwups, holt uns unsere Angst, das Alleinsein und so weiter wieder ein. Anstatt unseren Fokus auf das zu lenken, was uns voran und in die Freude gebracht hat.

Die Rolle der Frau und die Rolle des Mannes: Wie soll oder darf Mann wie Frau sich noch in der heutigen Gesellschaft darstellen/verhalten?

- Der Macho oder das Heimchen am Herd?
- Der Hausmann und Babysitter oder die Businessfrau / die Frau, die in ihrem Beruf aufgeht?
- Der Rocker, der auf seiner Maschine den Strampler für Junior häkelt?
- Die Mutter, die beim Kuchenbacken das nächste Networking-Event organisiert?
- Der Couch-Fußballer, der sich mit seinen Kumpels das nächste Fassbier teilt?
- Die Fitnesstrainerin, die den Wocheneinkauf in den 4. Stock bringt?

Und hinzukommt noch der gesellschaftliche Zwang, ob Frau noch Frau und Mann noch Mann ist oder sich selbst so bezeichnet, wie er/sie mag. Und ja, es gibt auch die mit zwei Geschlechtern und die im falschen Körper Geborenen. Ihr habt in der heutigen Zeit zu entscheiden, welches Geschlecht ihr ausleben möchtet, und seid somit doch entweder Frau oder Mann.

Womit wir beim nächsten Thema wären, weshalb wir Männer und Frauen die Herausforderung haben, einander zu verstehen.

Wie bewusst bist du in deinem Denken und Handeln?

Bist du bei der einen Sache oder bist du Mister Spock und spacest durchs Weltall? Oder schweifen deine Gedanken schon wieder zum Job oder was das Baby braucht oder was auf den Einkaufszettel muss?

Oder sagst du schon mal „Ja, ja“, nur um deine Ruhe zu haben, und weißt am nächsten Tag nicht mehr, um was es ging.

All die kleinen, unbewussten Dinge summieren sich und irgendwann ist das Fass voll. Was passiert dann? Wenn Frau nicht mehr kommuniziert, kann es sein, dass es die Kinder trifft oder die Kommunikation mit jemand anderem stattfindet, und ihr Männer dann bald ersetzt werdet. Doch bis dahin sollte es nicht kommen, wenn du dich bewusst und aktiv an deiner Beziehung beteiligst.

Das alles soll ich selbst produziert haben? Jein. Zu einem Anteil schon und natürlich sind wir von unserem Umfeld geprägt wurden, sei es durch Eltern, Großeltern oder Personen in unserer unmittelbaren Umgebung.

1.12 Was heißt, wir sind oder ich bin im Krieg? Mit was für Waffen kämpfe ich denn?

Wenn du dich aktuell in einer richtigen Beziehungskrise befindest, dann dürfte dir klar sein, dass du dich in einer Art von Krieg befindest. In diesem Krieg arbeitet jeder, bewusst oder unbewusst, mit seinen eigenen Waffen.

Diese Waffen setzt du nicht nur gegen dich selbst, sondern auch gegen deinen Partner ein.

Wozu wir das machen? Nun, wir wollen sehr oft recht haben über unsere Glaubenssätze und wie das Leben läuft. Das heißt nicht, dass dieses Rechthaben zum Wohl für uns ist.

Sehr oft ist das Rechthabenwollen etwas, das von unseren alten Erfahrungen stammt. Wie wir unsere Mutter, Vater oder uns sehr nahestehende Menschen wahrgenommen haben, prägt unser Verhalten.

Hatten wir einen sehr passiven Vater, kann es sein, dass wir darüber recht haben wollen, dass alle Männer, mit denen wir zu tun haben, wohl so sind. Dasselbe gilt natürlich auch, wenn der Vater eher dominant und rechthaberisch war.

Schau doch mal, wie es bei dir war.

Was für einen Mann hast du deiner Meinung nach an deiner Seite? Hat er dieselben Verhaltensweisen wie dein Vater oder ist er auf jeden Fall genau das Gegenteil?

Und wie sieht es mit der Mutter aus oder der engsten, weiblichen Bezugsperson? Was ist/war sie für eine Frau?

Was ging dir bei deinen Eltern gehörig auf den Wecker?

War deine Mutter dominant, wehleidig, eine ängstliche Übermutter? Oder hat sie genörgelt und das Leben so hingenommen? Schau auch bei deinem Vater oder der Vaterfigur, die du für dich gewählt hast.

Auf Basis all dieser Erfahrungen, eingeprägten Glaubenssätze sowie übernommener oder selbst beigebrachter Verhaltensmuster, ob bewusst oder unbewusst, hast du dich selbst erschaffen. So hast du dir auch erschaffen, wie für dich Männer und Frauen sind.

Und über all diese Themen wollen wir recht haben – meistens so lange, bis wir vom Schmerz überrollt werden und dann etwas dagegen tun oder wir bereit sind, uns wirklich der Angst und dem damit verbundenen Schmerz zu stellen.

Nur wer dazu bereit ist, die Chance zu ergreifen und sich

- reflektiert,
- bewusst wahrnimmt und
- permanent die Glaubenssätze und Verhaltensweisen prüft und anpasst,

kann aus diesem Rechthaben aussteigen. Doch dazu später mehr.

Zu dem Rechthaben gehört auch dazu, sich dieses Recht zu nehmen oder es zu verteidigen.

Dementsprechend verteidigst du mit deinen Waffen dein Recht / deine Welt – also deine Erfahrungen der Vergangenheit und deine Glaubenssätze. Das ist schon verrückt, oder?

Es wäre doch viel schöner, wenn wir darüber recht haben wollten, dass Männer wunderbare, beschützende, kraftvolle Wesen sind, die Frauen auf Händen tragen. Genauso kann man auch darüber recht haben wollen, dass Frauen machtvolle, liebevolle, anmutige Wesen sind, die Männer sehr gerne unterstützen.

Aber da wir uns meistens schon in unserer Ursprungsfamilie mit Vater und/oder Mutter im Krieg befinden, wollen wir darüber recht behalten, dass das so ist und immer so sein wird.

Zum Beispiel, dass Männer ignorant, dominant, gemein, die Täter und verantwortlich für all das Schreckliche in dieser Welt sind, eiskalt, handlungsunfähig, Gefühls- und Kommunikationsidioten. Und vielleicht willst du auch darüber recht haben, dass Frauen gemein, wehleidig, link, intrigant, unterkühlt, nörgelig, anstrengend sind oder sich wie ein Opfer verhalten.

Deshalb kommen jetzt und hier für dich ein paar mögliche Waffen, die vorzugsweise Frauen und mit Vorliebe Männer einsetzen.

- Ignorieren & Rückzug – das ist sicherlich eine Domäne des Mannes
- Dominanz & Aggression – auch wenn man es klassisch als männliche Waffe bezeichnet, so wird es in großen Angstsituationen auch von Frauen eingesetzt
- Unterminieren – eindeutig eine Waffe der Frau
- Sexualität auf längere Sicht ablehnen – an sich ein klassisches weibliches Mittel, wird aber mittlerweile auch von Männern eingesetzt
- Nörgeln – hier gibt es eine Präferenz von den Frauen, allerdings ist das Klagen darüber, was alles nicht gut läuft, auch bei den Männern sehr beliebt geworden
- Kommunikation verweigern – eindeutig eine männliche Waffe
- Keine Lebensfreude mehr zulassen – eine Domäne der Frau, der Mann verfällt eher in eine Starre
- Keine Zeit mehr haben / viel Arbeiten – eine Domäne des Mannes, um sich sehr oft dem Genörgel der Frau zu entziehen

- Fremdgehen – diese Waffe wird von beiden praktiziert
- Sich gehen lassen, beispielsweise nicht mehr auf den Körper achten – von Männern und Frauen eingesetzt
- Kinder als Vorwand nutzen oder gegen den Partner einsetzen – eine weibliche Waffe
- Finanzielle Mittel zu verweigern, ist eher die klassische Männerwaffe oder
- Die finanziellen Mittel aufzubrauchen – ist ein weiblicher Waffeneinsatz

Hier noch weitere, mögliche Waffen:

- Entwertung
- Immer Recht haben wollen
- Sein Wort brechen
- Anerkennung verweigern
- Manipulation
- Negativ über den Partner sprechen
- Intime Geheimnisse ohne Rücksprache mit einem Dritten besprechen

Das ist nur ein Auszug aus dem, was wir als das Waffenarsenal in der kriselnden Ehe bezeichnen.

Wir müssen ergänzend sagen, dass keine Lebensfreude mehr zuzulassen, natürlich auch andere Ursachen haben kann. Der Unterschied zwischen einem Waffeneinsatz und einer persönlichen Herausforderung ganz unabhängig vom Partner besteht darin, dass man ein Bewusstsein über seine Situation erlangt, mit dem Partner über sein Thema spricht und eine Absicht hat, sich dieser Herausforderung zu stellen und sie zu meistern.

Also immer dann, wenn eine kleine Teufelsstimme aus dem Off uncoole Gedanken über deinen Partner mitteilt, inklusive: „Dem zeige ich es aber mal, dem Blödmann oder der Zicke", reden wir von einer Waffe.

Da du dieses Buch ja nicht liest, weil bei euch zu Hause alles in Butter ist, kommen jetzt die Fragen an dich, um bereits aktiv etwas für dich zu tun:

- Welche Waffe(n) setzt du konkret ein?
- Wann setzt du Waffe X ein beziehungsweise zu welchem Anlass?
- Worüber möchtest du bei deinem Partner recht haben? Ein heißer Tipp: Meistens ist es etwas, das er dir an Charakter bereits gezeigt hat, also ist es in deiner Welt ja auch Beweis genug, dass du recht hast.
- Welche Waffe(n) willst du nicht mehr einsetzen?
- Worüber möchtest du in Zukunft lieber recht haben? (Benenne hier positive Eigenschaften oder Situationen, die du in deinem Partner sehen willst.)

1.13 Sprichst du schlecht über deinen Partner? Weiß deine Freundin mehr über eure Partnerschaftsprobleme als dein Partner selbst?

Für den Mann besteht Sicherheit und Anerkennung darin, wenn du nicht mit der besten Freundin über deinen „gemeinen Mann“ sprichst und dich dort ausheulst. Du kannst dir sicherlich einen Ratschlag holen, aber sein wir mal ehrlich, keiner will sich andauernd das Geheule der besten Freundin anhören, weil sie ihren Mann wieder mal blöd findet.

Dafür ergibt es eher Sinn, sich Hilfe von Experten zu holen, denn eine Freundin, die ebenfalls nicht glücklich in Partnerschaft lebt, kann leider nicht viel Bereicherndes beitragen.

Für einen Mann ist es wie ein Schlag ins Gesicht, wenn du dich über die gelebte Sexualität austauscht oder darüber, was er dir gerade nicht recht gemacht hat.

Das klingt vielleicht sehr hart, da man ja irgendwie Lösungen finden will.

Hole dir immer Unterstützung, bevor es zu spät ist.

Wir gehen davon aus, dass Beziehungen viel länger halten, wenn du weißt, wie du gemeinsam dein Leben so gestaltest, dass du ein Mehrwert im Leben deines Partners bist.

Bist du ein Mehrwert im Leben deines Partners? Falls ja, worin besteht dieser Mehrwert?

Redest du mit besten Freunden über Beziehungsprobleme und wenn ja, welche Themen besprichst du?

Wenn dein Partner unsichtbar neben dir stehen würde, wenn du mit Freunden über ihn sprichst, wie würde er reagieren? Was meinst du?

Mit welcher Ausrichtung sprichst du mit deinen Freunden über den Partner? Willst du eine Lösung finden oder dich beschweren und beklagen?

Wir wissen, das ist schon eine harte Fragestellung, aber umso ehrlicher du zu dir bist, desto eher kannst du in eine freudige Beziehung eintauchen.

2 Sinn deiner Beziehung

2.1 Was genau ist der Sinn meiner/unserer Liebes-Beziehung?

Oder: unser Seelen-Mission-Statement

Das, was auf jeden Fall wichtig ist – und vielleicht kennst du das aus dem Business –, ist das Mission-Statement. Das, was jedes Unternehmen für sich definiert, ist der Sinn der Unternehmung.

Und genauso ist es auch in deiner Beziehung. Es kommen viele Paare auf uns zu und sagen: „Ja, es läuft nicht mehr und eigentlich wissen wir auch gar nicht, warum wir noch zusammen sind."

Das ist absolut verständlich. Und wahrscheinlich ist es auch gekoppelt mit wenig offener Kommunikation. Aber dazu kommen wir noch später in einem anderen Kapitel.

Auch wenn du dieses Buch allein liest, ist es gut, wenn du eine Reise nach innen machst und für dich festlegst, was der Sinn und, auch wenn es sich etwas rational anhört, der Zweck in deiner Beziehung sein soll. Oder ist dir zu 100 % bewusst, warum du (d)eine Beziehung führst?

Warum willst du wirklich in (d)einer Beziehung sein? Wir wissen, dass diese Frage gnadenlos sein kann, aber sehr, sehr wichtig ist. Geht es dir um materiellen Wohlstand, Sicherheit, um Sexualität, Haus, Energie, Zärtlichkeit, Essen, nicht allein zu sein, dich selbst zu spüren durch den anderen / die Berührung durch eine andere Person?

Alle Punkte sind berechtigt, aber das entspricht nicht dem Mission-Statement, das wir dir aufzeigen wollen.

Es geht darum: Was ist es, das aus deinem tiefsten Herzen und deiner Seele kommt und im Hier und Jetzt gemeinsam mit deinem Partner beziehungsweise Partnerin erfahren werden will?

Wir verraten dir unser Mission-Statement beziehungsweise den Sinn unserer Liebesbeziehung. Wir haben es damals für uns definiert, bevor wir geheiratet haben, und ja, wir checken von Zeit zu Zeit, ob wir unsere Beziehung danach führen und fragen uns, ob es immer noch immer das ist, was wir wollen.

Okay, genug Spannung aufgebaut.

Der Sinn in unserer Beziehung liegt darin, dass wir uns gegenseitig dabei unterstützen, unsere Herzenswünsche zu erfüllen sowie menschlich wie spirituell zu wachsen, sodass sich unsere Seelen miteinander verbinden (und ihre Aufgaben in dieser Inkarnation umsetzen).

Spürst du die Tiefe in diesem Seelen-Mission-Statement?

Für uns ist es sehr wichtig, dass wir uns wirklich gegenseitig unterstützen und uns gegenseitig dienen, um sowohl die individuellen als auch die gemeinsamen Ziele/Wünsche zu erreichen. Zu dem delikaten Thema „Dienen“ im Zusammenhang mit Liebesbeziehung kommen wir noch in einem anderen Kapitel.

Es ist für uns beide eine Freude und Erfüllung, wie das in kleinen sowie großen Dingen in unserem Leben einfließt. Hervorzuheben ist, dass nicht nur die andere Person dadurch glücklich ist, sondern auch du selbst, was wiederum eurer Liebesbeziehung zugutekommt.

Was wäre, wenn du in deiner Liebesbeziehung das bekommst, was du willst, indem du dienst? Ist die Aussicht, eine glückliche, erfüllte und von beiden Seiten gelebte Liebesbeziehung zu führen, es nicht wert, etwas dafür zu geben?

2.2 Wozu lohnt sich eigentlich eine gute Beziehung und wann weiß ich, dass es keinen Sinn mehr hat?

Diese Frage setzt zunächst voraus, dass du für dich weißt, was für dich eine gute Beziehung ist.

Eine gute Beziehung bedeutet jetzt nicht, immer kontinuierlich Harmonie zu haben oder nie Auseinandersetzungen. Es bedeutet auch nicht, dass man nie „verletzt" wird. Wir sind immer etwas zurückhaltend mit dem Begriff, da du an sich nicht verletzt werden kannst. Was passiert, ist, dass ein Verhalten bei dir ein Trauma antriggert, was so viel heißt wie: du wirst zurückversetzt in eine Erinnerung aus deiner Kindheit oder Vergangenheit, die für dich eine schmerzhafte Erfahrung war.

Wenn es nicht das Trauma aus den Kindheitstagen ist, so kann es sein, dass auch Werte oder der Sinn in deiner Beziehung nicht erfüllt wird.

Wir können dir eine Anregung geben, was eine glückliche Beziehung noch bedeuten kann.

Wenn du dir vorstellst, dass du eines Tages, vorzugsweise mit körperlicher Kraft und geistiger Fitness deinen Körper verlässt, wie willst du deine Partnerschaft geführt haben? Was willst du dann, wenn dein Partner neben dir liegt, empfinden?

Wir wollen uns liebevoll und freudig anlächeln, Händchen halten und uns bedanken für diesen „wahnsinnigen Trip", den wir gemeinsam erleben durften. Wir wollen uns gegenseitig danken für die wunderbaren Erfahrungen, für die Liebe, das Füreinander, die Nähe, die Tiefe der Beziehung, für das Wachstum, das wir miteinander und durcheinander erleben durften, für das Dienen am anderen, für das Lachen, das Weinen, den gemeinsamen Thrill, für die Bereicherung im Leben des anderen.

Sich anschauen und dankbar sein, dankbar für die Erfahrung und die Bewusstseinserweiterung. Für dieses unglaubliche Geschenk. Genau dann weißt du, ob du deinen Seelenvertrag, den du vor deiner Inkarnation festgelegt hast, erfüllt hast. Für uns ist das vollkommen klar, dass es so sein wird. Du umarmst dich und sagst: Wir sehen uns dann ja bald wieder im Licht.

Und von diesem Punkt ausgehend, weißt du, ob deine Beziehung Sinn ergibt. Schreibe für dich auf, wie du am Ende deines Lebens mit deinem Partner über die Beziehung sprechen willst. Was hast du gefühlt, erfahren und wofür bist du dankbar? Wo warst du eine Bereicherung im Leben des anderen?

Du erkennst daran, dass eine Beziehung keinen Sinn mehr hat, wenn das Ego über das Herz regiert. Wenn keiner mehr bereit ist, die grundsätzlichen Pfeiler der Beziehung festzulegen. Diese Pfeiler sehen wir als wichtige Bestandteile an:

- Wie kann ich eine Bereicherung sein?
- Entscheide ich mich, meinen Partner zu lieben?
- Respektiere und wertschätze ich meinen Partner? Bin ich ihm gegenüber integer/loyal?
- Ist mein Partner die erste Wahl für mich?
- Vertraue ich meinem Partner?
- Bin ich bereit, regelmäßig mein Bewusstsein zu erweitern?
- Bin ich bereit, gemeinsam Lösungen zu finden und ehrlich zu kommunizieren?
- Bin ich bereit zu wachsen?

Wer ein inneres Interesse daran hat, dass es seinem Partner gut geht, seiner Seele folgen kann und bereit ist zu kommunizieren, zuzuhören und aufeinander einzugehen, der hat sehr gute Voraussetzungen.

Damit ist natürlich nicht gesagt, dass ich dem Partner zuliebe lauter Dingen zustimme oder tue, die ich absolut nicht möchte. Aber in sehr vielen Punkten möchten wir betonen, dass nicht immer die aktuelle, vorherrschende Emotion stimmig ist. Wie der Name schon sagt, verändert sich die Emotion. Aber deshalb ist es umso wichtiger, festzulegen, was man wirklich in der Partnerschaft will, auch wenn man eventuell etwas anderes empfindet. Die Emotion folgt natürlich auch der Festlegung.

Wofür willst du dich entscheiden? Was sind deine Kriterien für eine gute Beziehung?

Schnapp dir einen Zettel und los geht's!

2.3 Woher weiß ich, dass es Liebe ist? Und kann ich etwas verändern, wenn ich die Liebe nicht mehr spüre?

Das Thema: „Woher weiß ich, ob das noch Liebe ist, und was ist Liebe eigentlich", bewegt die Gemüter schon seit Jahrhunderten.

Wir möchten dir unsere Definition von Liebe aufzeigen und du bist eingeladen zu schauen, was deine Definition von Liebe ist oder sein kann.

Für uns ist Liebe überall und immer da. Das hört sich vielleicht unglaublich an, wenn man sich traurige Nachrichten anhört oder wenn man sich selbst in einer unschönen Situation befindet.

Wer sich innerlich darauf ausrichtet, dass alles für einen und alles Liebe im Außen ist – das bedeutet, jede Pflanze, jeder Baum, jedes Tier – ist wohlwollend und besitzt einen inneren Kern der Liebe. Und genauso sehen wir das bei Menschen.

Das heißt nicht, dass es nicht Menschen mit negativen Absichten oder Verhalten gibt. Genauso gibt es Tiere, die von Natur aus gefährlich sind oder dass diese schlecht behandelt wurden und entsprechend aus ihren Erfahrungen handeln und sich gegen ihr liebevolles Inneres verhalten. Natürlich gibt es das, denn wir haben ja die Dualität erschaffen, eigentlich nur damit wir Liebe erkennen. Sonst wüssten wir es nicht einmal zu benennen.

Klingt das für dich unglaublich? Nun, wann spüren wir Liebe? Wenn wir uns umarmen, wenn wir mit Freunden zusammen sind und anregende Gespräche führen, wenn unsere Kinder uns anlächeln und so weiter. Dann spüren wir die Liebe.

Wenn wir jetzt aber auf unser Kind sauer sind, weil es etwas Dummes getan hat, lieben wir es dann nicht mehr? Oder ist es so, dass ich die Handlung des Kindes zwar unmöglich fand, was in mir das Gefühl der Wut auslöste, ich mein Kind aber prinzipiell noch liebe? Wie ist das bei dir?

Also, die Emotion, die du in diesem Moment hast, sagt nichts darüber aus, ob du jemanden oder etwas liebst.

Was kann ich also tun, wenn ich den Eindruck habe, mein Partner liebt mich nicht mehr. Stell dir dabei auch selbst die Frage, ob du ihn noch liebst und nicht, dass du die Nicht-Liebe des anderen als Argument nimmst, um nicht schuld zu sein, dass die Beziehung nicht funktioniert hat. Stell dir folgende Fragen und antworte spontan darauf:

- Bin ich es wert, geliebt zu werden?
- Liebst du dich selbst?
- Was ist Liebe für dich und was, denkst du, ist Liebe für deinen Partner?
- Frage dich:
  - Hast du diesen Menschen wirklich geliebt?
  - Liebst du ihn?
  - Willst du diesen Menschen lieben?
  - Welches Weltbild hast du zu dem Thema Liebe?
  - Was muss sein, damit du Liebe auch als Emotion wahrnimmst?
  - Wie umschreibst du selbst Liebe?
  - Wie ist Liebe für dich? Woran erkennst du Liebe?

Nimm dir etwas Zeit und beantworte für dich die Fragen. Mach es jetzt oder später. Nutze den Moment und tue es jetzt!

Hast du die Antwort zu:

- Woher weiß ich eigentlich, dass es Liebe ist? Wie bei so vielen Dingen hast du die Antwort in dir. Oder schau, was du zu den obigen Fragen geantwortet hast.
- Kann ich etwas verändern, wenn ich die Liebe nicht mehr spüre? Geht es um die Veränderung oder um deine Gefühle zu Liebe?

Wenn du die Antworten noch nicht hast, dann gehe nach innen.

Nutze dazu gerne unsere geführte Meditation und vergiss nicht, deine Frage mitzunehmen.

Frage dich beispielsweise: Liebe ich diesen Menschen?

Wie entscheidest du dich?

Ob es Liebe aus deinem Innersten ist, spürst du selbst genau. Sei dir da ganz sicher – ja oder nein. Ein Vielleicht oder Wenn-Dann – da spricht dein Kopf, aber nicht deine Seele.

2.4 Kann man nach Jahren in der Beziehung noch glücklich sein?

Die Antwort ist ganz leicht: Ja.

Da wir uns in einer einzigartigen, sehr schnellen Zeitqualität befinden, die jetzt vieles im Inneren und im Außen der Menschen bewegt, gibt es hierfür ein paar Konstanten, die immer aktiv und lebendig gelebt werden dürfen.

- Dazu gehört ehrliche, wertschätzende, offene Kommunikation.
- Das Versprechen, füreinander und miteinander zu sein und das Beste für die Beziehung zu wollen.
- Sich immer wieder täglich für die Liebe zu entscheiden und den Partner als seine Nummer eins zu wählen.

- Dazu gehört auch, dass beide aktiv an ihre individuellen Themen rangehen und diese transformieren dürfen.

Beziehung ist nichts Statisches, sondern bedarf der ständigen Bewegung – wie das Leben so ist. Für alle, die feste Strukturen haben wollen und davon nicht abweichen, wird es weniger Beziehungsglück geben.

Die Beziehung sollte so lebendig sein wie alles in der Natur.

Wenn du deine Beziehung wie ein Naturwesen betrachtest, dann frage doch mal: Was wünscht sich dieses Wesen und was mag es gar nicht?

2.5 Dein Seelenführer und Helfer für deine Liebesbeziehung

Für die nächsten Fragen ist es sinnvoll, wenn du eine Meditation zu deinem Seelenführer machst. (Text zum Aufsprechen für die Meditation, zum Beispiel auf eine App, findest du auf Seite 21).

Stelle dir bitte folgende Fragen, während du deine Augen schließt:

- Was will meine Seele in der Liebesbeziehung erleben?
- Was wünscht sich mein Herz in der Liebesbeziehung?
- Was möchtest du in deiner Liebesbeziehung geben?

Natürlich ist es schön, wenn du das gemeinsam in deiner Partnerschaft praktizierst. So hättet ihr gleich eine gute Grundlage. Aber es ist wichtig, dass jeder erst einmal selbst für sich herausfindet, was seine Seele in der Liebesbeziehung erfahren will.

2.6 Was sind unsere Träume und Visionen für uns als Liebespaar? Was wünschen sich unsere Seelen und Herzen?

Wenn wir davon ausgehen, dass wir vor unserer Inkarnation bereits entschieden haben, was wir in diesem Leben alles erleben und machen wollen, dann ist es umso wichtiger, zu wissen, was man nicht nur selbst in diesem Leben erleben will, sondern auch als Liebespaar.

Was wünscht du dir von ganzem Herzen von einer Beziehung?

Wir können gleich schon einmal vorwegnehmen: Eine Beziehung ist weder durchgängig harmonisch und leicht, noch ist sie durchgängig nur herausfordernd.

Wenn wir für uns klar definieren, dass wir die größten Ziele viel leichter mit dem Partner erreichen können und uns dabei noch durch das Dienen eine Entwicklung der Seele ermöglichen.

Es ist wichtig, dass sich zunächst jeder für sich definiert, was für Träume und Visionen er hat. Erstelle deine eigene Seelen-Bucket-List. Notiere einfach alles, was dir einfällt.

Hier ein Beispiel von mir, Dajana:

- Spirituelle Fortbildungen
- Russisch, Japanisch und Italienisch lernen
- Reisen zu den schönsten spirituellen Kraftorten der Welt, gemeinsam mit Uwe
- Phantasie – Spirit-Roman schreiben, der verfilmt wird
- Weltreise
- 100 % Gesundheit bis ins hohe Alter
- Ausbau meiner spirituellen Arbeit und Retreats in verschiedenen Ländern

In Schritt zwei ist es von Vorteil, wenn ihr eure Seelen-Bucket-List, die ihr gemeinsam verwirklichen wollt, notiert. Wenn ihr es weiter konkretisieren wollt, dann ergänzt es mit einem konkreten Plan, Zeitplan und einem Vision Board.

Das gibt der Beziehung eine klare Ausrichtung und eine Zielsetzung.

3 Deine Werte

3.1 Was sind deine Werte in deiner Liebesbeziehung?

Habt ihr für euch auf dem Schirm, was eure Werte in eurer Partnerschaft sind?

Wenn man Paare fragt, wissen sie eventuell, was jedem Einzelnen in der Beziehung wichtig ist. Selten sind sich die Paare bewusst, dass es auch wichtig ist, gemeinsame Werte für die Beziehung festzulegen, beziehungsweise überhaupt darüber zu sprechen.

Und auch hier kann man sich wieder Firmen anschauen, die ihre Werte sehr klar definiert haben. Somit weiß jeder, wofür das Unternehmen steht und ob man sich damit identifizieren kann.

Und genauso ist es in der Beziehung zu verstehen. Aber ganz wichtig: Hier geht es nicht darum, sich oberflächlich ein paar Werte auszudenken und sie nach einigen Wochen zu verwerfen, sondern nach Werten zu schauen, die über Jahre Bestand haben.

Lasst euren Verstand und euren Kopf außen vor, beziehungsweise lasst ihn eine untergeordnete Rolle spielen. Worum es wirklich geht, ist das, was sich dein Herz und deine Seele in der Liebesbeziehung wünschen. Was ist das Fundament eurer Beziehung? Auf was wollt ihr dieses aufbauen? Euer Haus setzt ihr ja auch nicht auf einen feuchten Keller und eine wacklige Bodenplatte.

Mir, Dajana, ist immer wichtig gewesen – und das werde ich niemals ändern –, dass das absolute gegenseitige Vertrauen und die Ehrlichkeit als Werte in meiner Beziehung verankert sind. Des Weiteren ist die Kommunikation in der Beziehung wichtig. Uwe ist nicht nur mein Ehemann, mein Seelenpartner und Geliebter, sondern auch mein guter Freund. Ich kann ihm alles sagen. Offen über alles Mögliche sprechen. Das ist für mich ein enorm hoher Wert und die Grundlage, sich zu öffnen und auch dem Partner Dinge anzuvertrauen, die nicht immer die Schönsten sein müssen.

Und auch für mich, Uwe, ist es ein Zeichen von Liebe, wenn Dajana sich öffnet und ihre Ängste und ihre Freude mit mir teilt und ich für sie da sein kann. Unabhängig davon, dass es meinen Beschützerinstinkt weckt und meine Männlichkeit stärkt. Aber auch ich teile ihr mit, wie es mir geht und was ich brauche, um glücklich zu sein. Ohne die Kommunikation, die ja auf verschiedenste Art und Weise stattfinden kann, wirst du in deiner Beziehung nicht weit kommen. Aber dazu später mehr.

3.2 Unsere gemeinsamen Top 4 Werte in unserer Beziehung

Number One = Liebe

Das ist für uns nicht einfach ein Wort. Es bedeutet, jeden Tag aufs Neue die Entscheidung zu treffen, diesen Mann oder diese Frau zu wählen. Wir entscheiden uns für die Liebe. Und manchmal ist es auch so, dass wir schlecht geschlafen haben und die Liebe gerade nicht kontinuierlich fühlen. Es kann auch sein, dass es Tage gibt, da könntest du wer weiß was mit ihm/ihr machen, aber du kannst dich zu jeder Zeit wieder entscheiden, dass Number One wieder Number One ist.

Number Two = Ehrlichkeit

Ehrlich zu sprechen, seinem Partner zu sagen, was in einem vor sich geht oder was man empfindet. Das hat auch etwas damit zu tun, sich zu öffnen, verletzlich zu sein, aber auch mutig.

Number Three = Füreinander da sein

Wenn es einem von uns nicht gut geht, sind wir füreinander da. Wir sind natürlich auch ohne einen „ungesunden“ Grund füreinander da. Das bedeutet, der eine unterstützt zum Beispiel mit Umsorgen, von Tee- oder Wärmflaschemachen bis hin zum Medikamentebesorgen. Wir schauen nach dem anderen, dass es ihm körperlich, geistig und seelisch gut geht. Hierbei geht es nicht darum, den anderen zu „bemuttern“, sondern ihn liebevoll darauf hinzuweisen, wenn er schon wieder zu lange am Schreibtisch sitzt oder noch nichts gegessen hat. Es hat für uns beide etwas mit Liebe zu tun, aufeinander zu achten.

Number Four = Gemeinsame Entwicklung / Erweiterung des Bewusstseins / Wachstum

Wir achten darauf, dass wir uns gemeinsam entwickeln. Das bedeutet, wir unterstützen den anderen in seinen Projekten und Fortbildungen. Viele Fortbildungen haben wir gemeinsam absolviert, manche hat jeder für sich vorgenommen. Wir hören dem anderen zu, wenn er über seine gewonnenen Erkenntnisse und Auflösungen spricht. Selbst beim Laufen durch den Wald sprechen wir darüber und machen uns darauf aufmerksam, wenn der andere sich seiner Erkenntnis gerade nicht bewusst ist, aber diese selbst vor wenigen Minuten ausgesprochen hat. Eine gemeinsame Entwicklung und gemeinsam Neues auszuprobieren, verhilft sehr oft zu mehr Bewusstsein. Und genau das ist das Beziehungsfundament des neuen Jahrtausends – Wachstum und Zusammenhalt zwischen den Geschlechtern.

3.3 Bestimmen wir doch mal kurz deine Werte

1. Stell dir die folgende Frage: Welche Werte sind für dich wichtig?
   Und folge den nächsten Schritten:
   - Du kannst ganz frei 20 Punkte notieren.
   - Von diesen 20 Punkten wählst du für dich deine Top 4 bis 5 Werte aus.

2. Dasselbe kann dein(e) Partner(in) machen.
3. Ihr kommt zusammen und besprecht gemeinsam, was jede(r) für sich selbst mit diesen Werten in Verbindung bringt und hinterlegt hat. Jeder hat nämlich seine ganz individuelle Definition von den Werten.
4. Die meisten Paare finden eine Übereinstimmung und können diese auch genau beschreiben.

Übrigens, dasselbe geht auch mit den Punkten, die man nicht so gut findet – sozusagen eine No-go-Liste. Darin sind dann alle Punkte enthalten, die du oder er/sie absolut ablehnt oder, wenn diese eintreffen, eine klare Konsequenz nach sich ziehen. Auch das ist gut zu wissen, vor allem sollte jede(r) die Konsequenzen des anderen kennen und sich darüber bewusst sein.

4 Deine Kommunikation

4.1 Was ist Kommunikation?

Alle reden, sprechen auch davon und nennen es Kommunikation, doch was ist es wirklich? Können wir sie vermeiden oder so lenken, dass sie bei der Zielperson immer richtig ankommt?

Im Internet wirst du sicherlich eine gute Definition finden. Die Frage ist: Stimmt das wirklich und was bedeutet es für dich? Schauen wir mal, mit was wir alles kommunizieren.

Zwei Arten der Kommunikation – verbale und nonverbale:

- Verbal: Wir nutzen unsere Sprache.
- Nonverbal: Wir nutzen Körperhaltung/Gesten, Gesichtsausdruck/ Mimik und alles, was wir neben der Sprache oder darüber hinaus wahrnehmen.

Okay, für den ein oder anderen gibt es noch eine dritte, die in der du gelegentlich mit dir selbst, deinem Inneren, deiner Seele oder Gott / dem höheren Selbst kommunizierst und das auf deine eigene Art und Weise.

Was braucht es dazu? Mindestens zwei, die miteinander interagieren.

Was tun diese? Senden und empfangen, und sie wechseln zwischen Sender und Empfänger – ganz automatisch.

Was nutzen wir dafür?

Ohren = Hören – Akustik

Augen = Sehen – Optik

Hände = Spüren – Haptik

Und alles im besten Falle gleichzeitig.

Wie verarbeiten und bewerten wir das alles?

Zum einen rational = von der Vernunft und den Fakten gesteuert, zum anderen instinktiv und intuitiv = von den Emotionen und den Gefühlen / dem Bauch gesteuert.

Und glaubt mal nicht, dass die Vernunft und Fakten bei uns die Oberhand haben. Das, was uns antreibt und in Bewegung versetzt, sind unsere Emotionen und Gefühle.

Mal ein einfaches Beispiel: Das Auto hat die Farbe Rot. Rot ist in dem Fall Fakt und korrekt, daran gibt es eigentlich nichts zu diskutieren. Doch der kleine Junge in dir sagt: Ferrarirot oder Feuerwehrrot, und ihr kleines Mädchen spricht: Das ist Herzchenrot, aber Pink wäre mir lieber.

Versteht ihr, was wir euch damit sagen wollen? Zum einen könnt ihr nicht nicht kommunizieren; egal, in welcher Situation. Nichts sagen, dabei die Arme verschränken und sich wegdrehen, ist auch eine Form der Kommunikation. Zum anderen ist, wie wir kommunizieren, so vielfältig, dass es schon mal zu Interpretationen führen kann, die der andere so gar nicht beabsichtigt hat.

Die Quintessenz, wenn ihr vom und mit dem Herzen sprecht und zuhört sowie dabei alle Sinne das Gleiche aussenden, sollte in dieser Weise auch beim Gegenüber ankommen.

Doch nun zurück zur Beziehungskommunikation.

4.2 Und wie kommuniziere ich nun richtig? Wie verstehe ich den anderen?

Das, was wir vielleicht sehr oft feststellen, ist, dass wir in den echten Stresssituationen nicht klug miteinander kommunizieren.

Nachdem du im vorherigen Kapitel allgemein etwas zu Kommunikation gelesen hast, setzen wir noch eins obendrauf – Männer und Frauen sprechen nicht dieselbe Sprache. Natürlich kommunizieren Männer und Frauen ganz unterschiedlich und auch der Anlass der Kommunikation ist nicht immer derselbe.

Den Anspruch, dass wir Frauen Männer generell zu 100 % nachvollziehen können oder dass Männer zu 100 % nachvollziehen können, wie wir Frauen reagieren, ist zwar vom Kopf her für beide Geschlechter nachzuvollziehen, aber nicht wirklich nachfühlbar.

Das ist aber auch nicht schlimm. Das Geschenk des anderen liegt in seiner Andersartigkeit und in der Herausforderung, dies verstehen zu wollen.

Wie kommunizieren Frauen?

Das ist sicherlich für die Männer wichtig. Unsere Mütter und wir Frauen sind oft so erzogen worden, dass wir nicht direkt fordern, was wir wollen, sondern unsere Wünsche indirekt zum Ausdruck bringen. Ausnahmen bestätigen die Regel, speziell in der aktuellen Diskussion Frau/Mann gibt es hier einige Änderungen und Verschiebung in der Art des Ausdrucks. Frauen untereinander verstehen diese indirekte Kommunikation und können damit selbstbewusst umgehen. Für sie ist das normal.

Frauen reden mehr als Männer. Kommunikation/Sprechen ist für Frauen wie die Luft zum Atmen und erfüllt gleichzeitig mehrere Dinge. Sie reden, um eine gute Atmosphäre zu schaffen. Auch um das Eis zu brechen, besonders wenn es um neue oder heikle Situationen geht. Das schafft Vertrauen und Sicherheit auf beiden Seiten.

Warum kommunizieren Frauen?

1. Um selbst auf die Lösungen ihrer Fragen zu kommen.
2. Um Stress abzubauen.
3. Um einfach nur zu kommunizieren und sich mitzuteilen.

Wie kommunizieren Männer?

Im Gegensatz zu Frauen kommunizieren Männer geradlinig und lösungsorientiert – der Austausch darf einem Zweck dienen. Wenn es darum geht, eine Lösung zu finden, ziehen sich Männer eher zurück. Sie machen es wie zu Urzeiten und gehen in ihre Höhle – nein, sie gehen in die Höhle und eventuell gehen sie da auch durch die Höhle, wenn sie die Lösung nicht finden.

Vielleicht ist es an der Zeit, dass auch wir Männer uns der verschiedenen Möglichkeiten einer Lösungsfindung, unter anderem durch die Kommunikation, öffnen. Im Job, in unserem Verein, auf dem Fußballfeld und unter uns Männern quatschen wir doch auch.

Wann kommunizieren Männer?

1. Wenn sie kommunizieren wollen, sich also mitteilen wollen.
2. Wenn sie sich sicher fühlen und sich in ihrem Terrain oder Fachgebiet aufhalten oder bewegen.
3. Wenn es sein muss – beispielsweise, wenn die Frau nicht mehr über ihn, sondern einen anderen spricht.

Du siehst schon, die vielschichtige Kommunikation der Frau und die sehr zielorientierte Kommunikation des Mannes verunsichern die Geschlechter.

Wenn der eine den anderen einfach genauer studiert und herausfindet, wie der andere gerade angesprochen werden darf oder was gesagt wurde, läuft es schon mal leichter.

Wenn du dir als Partner nicht sicher bist, was gerade gemeint ist, studiere die Frau und frage nach, was sie konkret meint.

Aber wir wollen dir aufzeigen, wie man generell in dieser neuen Zeitqualität besser kommuniziert. Wir möchten dir – egal, ob für Männer oder Frauen – folgenden Leitfaden mit auf den Weg geben:

Wenn ihr etwas klären oder besprechen wollt, vereinbart einen Termin, sodass sich jeder vorab ein paar Gedanken dazu machen kann.

1. Bitte legt alles, was ablenkt und euch bei der Konzentration auf euch beide stören kann, zur Seite. Die Kinder sollten beaufsichtigt sein, sodass ihr euch auf das Thema konzentrieren könnt. Legt bitte fest, dass ihr euch 100 % Aufmerksamkeit schenkt.
2. Dass ihr offen, wertschätzend und in einer angenehmen Lautstärke kommuniziert. Die Kinder müssen ja nicht mitbekommen, dass der Haussegen schief hängt. Davon mal abgesehen, dass sie das schon längst registriert haben und es die ersten Reaktionen von ihnen auch schon gab. Aber das ist ein anderes Thema, weiter geht es.
3. Seid ehrlich zueinander.
4. Seid verbindlich und versprecht euch, mit dem Herzen zuzuhören und mit dem Herzen zu kommunizieren.
5. Lasst die gegenseitigen Vorwürfe weg, sagt euch, was ihr benötigt oder was euch wütend oder ärgerlich gemacht hat. Sprecht also nur über euch selbst. Währenddessen hört der andere zu. Begrenzt es gerne zeitlich auf je 5 bis 10 Minuten. Dann wechselt ihr. Sprecht erst danach darüber, was es in dem jeweils anderen ausgelöst hat.
6. Legt fest, was ihr danach anders macht und welches sicht-/messbare Ergebnis ihr haben wollt, beziehungsweise wie ihr dann miteinander seid.
7. Bevor ihr euren Termin / euer Date/Gespräch, um die Gewitterwolken zu beseitigen, habt, legt ihr fest, welches Ergebnis ihr haben wollt, und gebt euch euer Wort darauf, dass das so ist!

Entscheidungen und Versprechungen sind wichtig bei allem, was ihr tut. Männer, ihr habt euch entschieden und steht dazu – die Frau braucht Sicherheit und nicht mal heute hü und morgen hott.

Frauen, auch ihr habt euch entschieden, nur wenn ihr uns Männer stündlich testet, dann werden wir nervös und unsicher, ob es die richtige Entscheidung war.

4.3 Die Kommunikation vom Herzen

In der heutigen Zeit ist die Kommunikation wichtiger denn je. Viele Menschen reden einfach drauflos und andere hören nicht mehr zu oder meinen, die Frage und die Antwort zugleich zu kennen. Sei es in der Geschäftswelt, in Partnerschaften oder in den Familien – in Beziehungen allgemein und besonders.

Was ist dein Wunsch in puncto Kommunikation?

Von oben herab behandelt oder beschimpft zu werden?

Dass du dich klein machst, damit sich der andere besser oder größer fühlt?

Du stehst darauf, andere fertigzumachen? Nur was passiert, wenn sich der Spieß dreht und du fertiggemacht wirst?

Wie dem auch sei, stellen wir mal die Hypothese auf, dass wir all das, was oben steht, gar nicht wollen, sondern Harmonie, Zusammenhalt, Gemeinschaft und Wachstum ohne Auseinandersetzungen – außer die, die du dir selbst kreierst, um den Beweis zu haben, dass du das Next-Level erreicht hast.

Was wäre dann die universelle Sprache? Liebe.

Dabei geht es nicht um die Liebe, im Sinne von Liebenden, sondern um Respekt, Wertschätzung und Anerkennung des anderen. Und wie kannst du dies machen? Indem du dich dafür entscheidest, es zu tun. Das Ego Ego sein lässt, all deinen Mut zusammen und symbolisch dein Herz in die Hände nimmst, um dann aus ihm heraus, vom Herzen hin zu dem Herzen des anderen, sprichst und ihr auf dieser Ebene in Resonanz und Austausch geht.

Diese Art der Kommunikation unterstützt dich dabei ...

- ... dein Anliegen zu kommunizieren, sodass es so ankommt, wie es gemeint ist, und die Interpretationsmöglichkeit gegen null geht.
- ... deinen Umgang mit „herausfordernden" Menschen besser zu meistern. Du erhältst eine andere Sichtweise auf die dahinter liegenden Dinge.
- ... hinter die Fassade zu schauen und dich auf das wahre Selbst oder die Seele des Menschen zu konzentrieren.
- ... den Zugang zur Seele von deinem Partner zu finden und mehr Verständnis und Liebe in dir zu erzeugen.
- ... auch deine Bedürfnisse und die des Gegenübers besser wahrzunehmen.

Wie funktioniert Kommunikation vom Herzen?

Es ist eine Technik, die du zur Meisterschaft bringen kannst, ohne dass es einer Anleitung bedarf. Am besten verinnerlichst du sie so wie die tägliche Nahrungsaufnahme oder das Schlafengehen.

Lass dich gerne hierbei unterstützen. Lies die folgenden Punkte durch, verinnerliche sie, probiere es aus und schau, was passiert.

- Schließe zunächst deine Augen.
- Atme langsam und bewusst tief ein und aus (in den Bauch hinein).
- Werde innerlich ruhig.
- Unterschreibe vor deinem geistigen Auge deine Absichtserklärung, mit dem Herzen zu hören, zu sprechen, wahrzunehmen und dich

mit dem Herzen / der Seele deines Gegenübers / der „Zielperson“ zu verbinden.

- Konzentriere dich auf dein Herzzentrum, verbinde dich mit ihm.
- Öffne die Augen.
- Höre der Person zu, nimm sie mit allen Sinnen wahr.
- Lass die Person ausreden und schenke ihr deine ganze Aufmerksamkeit (damit es nicht unendlich wird, solltet ihr ein Zeitlimit vereinbaren).
- Was sagen deine Sinne? Was sagt dein Körper über das gesprochene Wort?
- Stelle dann ehrliche Rückfragen und lass diese über dein Herz aus deinem Mund fließen.
- Geht in den Austausch und bleib in der Verbindung zu deinem Herzen.
- Lass dich von der obigen Abfolge inspirieren, es immer und immer wieder zu versuchen, um dabei festzustellen: Wenn ich das so mache, dann ändert sich auch die Kommunikation meines Gegenübers/ Partners.

Nimm dir die folgenden Punkte zu Herzen:

- Sei achtsam, nutze all deine Sinne, höre zu, schweige, lasse die Person ausreden, beziehungsweise haltet euch an das vereinbarte Zeitlimit.
- Sprich, frage und nimm von einem Herzen zum anderen wahr. Du bist die ganze Zeit verbunden.

5 Gestaltung deiner glücklichen Liebesbeziehung

5.1 Wie sieht denn nun eigentlich eine glückliche Beziehung aus?

Eine glückliche Beziehung ist das Mutigste und Kraftvollste, was du für dich tun kannst, wenn du es passend umsetzt.

Wie du für dich deine glückliche Beziehung definierst, ist etwas, das nur du entscheiden kannst. Wir empfehlen hier, eine Seelenreise zu unternehmen, um herauszufinden, was eine glückliche Beziehung für dich bedeutet und wie es sich für dich anfühlt. Dann hast du die innere Sicherheit.

Was wir aber sagen können, ist, wie wir eine glückliche Beziehung sehen und welche Maßstäbe wir dafür ansetzen.

Ihr müsst euch dabei im Klaren sein, dass das keine One-Man-Show oder Eintagsfliege ist. Eine Beziehung, wie sie jetzt viel mehr gefordert sein wird, wird auf Verständnis, Respekt, Anerkennung, Wertschätzung, – nicht zu vergessen – Liebe und auf ein Mit- sowie Füreinander-Dasein aufgebaut. Dabei ist es egal, ob es eine klassische Rollenverteilung in puncto Mann und Frau, oder umgekehrt, gibt oder man sich auf Augenhöhe trifft und dies gleichberechtigt regelt, was unserer Meinung nach das gewinnbringendste Vorhaben ist, egal, um welche Art von Beziehung oder Partnerschaft es sich handelt.

Wir glauben auch, dass sich die Menschen verstärkt so etwas wünschen und danach streben. Allerdings kann es immer nur dann erfolgreich sein, wenn man selbst bereit ist, den eigenen Weg und durch Prozesse zu gehen. Auf diese Weise könntet ihr euer eigenes Wachstum und das eurer Beziehung vorantreiben.

Eine glückliche Beziehung bedeutet, dass du kommunizierst, wenn etwas nicht stimmig ist.

Es bedeutet:

- Geduld mit dir und dem Partner zu haben.
- Dass du deinem Partner vertraust und weißt, er ist an deiner Seite. Du entscheidest dich immer wieder neu, diesen Menschen zu lieben. Du willst das Beste für deinen Partner, was allerdings nicht heißt, dass du ihm alle unangenehmen Dinge abnimmst, auch nicht energetisch.
- Dass du ihn mit deinem Sein und deinen Fähigkeiten unterstützt.
- Dass man seine Herausforderungen, Ängste und unangenehmen Gefühle mitteilt.
- Immer mehr die Tiefe in der Beziehung zu leben und in sich selbst zu entdecken.
- Auch nachhaltig an Themen dranzubleiben.
- Sich gemeinsam zu sagen: Wir können das und wir schaffen das gemeinsam.
- Füreinander da zu sein.
- Dass man über die eigenen Fehler und die des anderen spricht, ohne sich zu streiten oder zu entwerten.
- Körperliche Nähe zu spüren.
- Dass man in einer Weise kommuniziert, die für beide hilfreich ist.
- Den anderen und sich gegenseitig zu unterstützen (in eine Richtung, in der sich die Seele entfalten will).
- Sich jeden Tag für die Liebe zu entscheiden.

- Täglich dankbar und wertschätzend gegenüber dem Partner zu sein.
- Die Nummer eins zu sein und, wenn es mal nicht so ist, dafür zu sorgen, dass der Nummer-eins-Status wiederhergestellt ist.

Und was bedeutet es für dich?

5.2 Ist jeder Mensch fähig, eine glückliche Beziehung zu führen?

Wir glauben, dass es mehrere Komponenten benötigt, um auch langfristig eine glückliche Beziehung zu führen. Die aktuelle Zeit des Umbruchs macht auch nicht vor den Beziehungen halt.

Wir können ganz klar sagen, dass alles, was nicht in der Liebe ist, auseinandergehen wird. Allen Paare, die nicht für Veränderungsprozesse bereit sind und dies regelmäßig angehen, wird es ähnlich gehen.

Auch das Thema, sich nicht seinen eigenen Ängsten und seinen eigenen unangenehmen Themen zu stellen, führt zur Trennung.

Eine oberflächliche Beziehung wird dieser Zeitqualität zum Opfer fallen. Wer nicht bereit ist, ganz tief in sich zu blicken, und sein Glück nur im Außen sucht, wird nicht fündig werden.

Unehrlichkeit, Misstrauen und der kurzfristige Kick werden schneller enttarnt als je zuvor.

Eine glückliche Beziehung kann geführt werden, wenn beide:

- bereit sind, sich den Ängsten und unangenehmen Gefühlen ehrlich zu stellen und in die Transformation dieser zu gehen.
- eine Klarheit über ihre Wünsche, Ziele und Werte als Einzelperson, aber auch als Paar haben.
- auch die Ausdauer und die Liebe haben, mit- und füreinander da zu sein, sich gegenseitig zu erheben.

- bereit sind, wertschätzend und ehrlich zu kommunizieren und Themen gemeinsam anzugehen.
- spüren, wie sie sich gegenseitig erheben und ergänzen.
- bereit für Veränderungsprozesse sind und dafür auch die Verantwortung übernehmen.

Das ist die Basis für eine glückliche Beziehung, die langfristig und in der Tiefe erfüllend gelebt werden will.

5.3 Was wünsche ich mir oder wir uns für eine Beziehung?

Es gibt nur wenige Menschen, die, bevor sie in eine Beziehung gehen, in sich gehen und sich fragen: Welche Art von Beziehung wünsche ich mir eigentlich?

Hast du dir genaue Gedanken gemacht oder – viel besser – deinen inneren Wunsch von einer Beziehung wahrgenommen?

Das macht einen großen Unterschied, denn du gibst der Beziehung eine neue Richtung.

Wir wollen gar nicht so viel dazu schreiben, sondern dich eher dazu ermuntern, auch diese Übung einfach durchzuführen. Du wirst feststellen, dass du mit diesem Buch Schritt für Schritt mehr Bewusstsein für deine Beziehung bekommst. Und du wirst sehen, dass es nicht immer notwendig ist, sich zu trennen, sondern sich immer klarer über sich selbst und seine Beziehungswünsche zu werden. Wichtig ist es, die inneren Wünsche zu erfahren, nicht die Wünsche, die unter Umständen das ärgerliche oder traurige innere Kind in einem sagt. Diese Übung soll inspirierend sein und dieses innere Bild mit der Beschreibung kannst du nutzen, um dir aus diesen Begriffen deine neue Beziehungscollage zu kreieren und diese aufzuhängen.

Mach bitte folgende Übung:

Gehe in einen meditativen Zustand.

Stelle dir die Frage: Wie soll meine/unsere Beziehung aussehen? Notiere dann alle Wörter, die dir dazu einfallen. Gut ist es natürlich, wenn ihr das gemeinsam als Paar macht. Welche Bilder kommen hoch? Dann beschreibe diese Bilder. Welche Gefühle kommen hoch?

Alle Adjektive, die dir beziehungsweise euch dazu einfallen. Anbei ein paar Auszüge aus unserer Definition:

- leicht / Freiheit gemeinsam erleben
- singen
- sonnig
- spielerisch/lebendig/lachen
- gemeinschaftlich/gemeinsam
- Hände reichen / umarmen
- Abenteuer erleben / in der Natur sein
- Stärke / „zusammen sind wir unschlagbar“
- spirituelle Arbeit

Zudem wollen wir dir aufzeigen, dass auch eine Beziehung in ihrer Aufgabenverteilung sehr oft wie ein Unternehmen beschaffen ist. Was bedeutet das? Das heißt eigentlich nur, dass es für verschiedene Bereiche Verantwortlichkeiten gibt. Genauso wie es in einem Unternehmen einen Head of Controlling, Head of Finance oder auch für Research & Development gibt, so ist dies auch in der Beziehung der Fall.

Die folgende Übung soll dir aufzeigen, wer aktuell welche Position innerhalb der Beziehung eingenommen hat.

1. Head of Finance (Wer verwaltet bei euch das Geld? / Wer investiert das Geld? / Wer kümmert sich um die Verwaltung der Ein- und Ausgaben?)

2. Head of Controlling (Wer ist die Person, die dafür Sorge trägt, dass alles in der Beziehung funktioniert?)
3. Head of Organisation (Wer macht Termine für die Familie? / Wer kümmert sich um den Ablaufplan im Alltag?)
4. Head of Facility Management (Wer kümmert sich um das Putzen, Waschen und Instandhaltung vom Haus oder der Wohnung?)
5. Head of Sex & Sensitivity (Wer ist die Person, die Vorschläge zum Thema Sexualität und Sinnlichkeit einbringt?)
6. Head of Communication (Wer ist im Bereich Kommunikation in der Beziehung führend?)
7. Head of Feel-good-Management (Wer kümmert sich um Harmonie, emotionalen Ausgleich und gute Stimmung in der Beziehung?)
8. Head of Vehicle Fleet (Wer kümmert sich um Transportmittel, Autos, Fahrräder oder Motorräder?)
9. Head of Canteen (Wer kümmert sich um das Essen?)
10. Head of Traveling (Wer kümmert sich um die Reisen?)
11. Head of Creativity (Wer ist für kreative Lösungen zuständig?)
12. Head of Income (Wer kümmert sich um die Einnahmen? Wer arbeitet wie?)
13. Head of Innovation & Planning (Wer ist die Person, die sich um die Zukunft kümmert, zum Beispiel Umzug in ein neues Haus oder Stadt, Einführung von Neuerungen wie Lifestyle und so weiter)
14. Head of Technical Devices (Wer kümmert sich um technische Dinge?)
15. Head of Education & Training (Wer bringt Vorschläge für gemeinsame Fortbildung/Entwicklung in die Paarbeziehung?)
16. Head of Children's Education (Wer ist für die Ausbildung der Kinder zuständig?)
17. Head of Health & Fitness (Wer kümmert sich um Gesundheit und Fitness in der Beziehung?)

Falls euch noch weitere Punkte einfallen, ist es gar kein Problem, diese zu ergänzen. Was fällt euch auf? Wer übernimmt welche Schlüsselpositionen? Wer übernimmt die meisten Positionen?

Es werden sicherlich einige Positionen mit einer „Doppelspitze“ belegt sein, was natürlich wünschenswert ist. In den meisten Fällen wird die Frau die meisten Positionen einnehmen. Hier empfehlen wir, zu reflektieren: Welche Position willst du beibehalten, welche möchtest du verändern? Welche Position nimmst du sehr gerne ein, welche macht dir keinen Spaß? Welche überfordert dich? Bitte gerate nicht in Wut, wenn du feststellst, dass die meisten Positionen nur bei einer Person liegen. Die Frau führt sehr oft die Beziehung, aber viele Positionen können auch mit dem Partner geteilt werden. Es ist gut, das in der Partnerschaft zu besprechen.

5.4 Ich soll ihm oder ihr dienen? Buckeln? Ich darf nicht ich selbst sein und soll mich erniedrigen lassen?

Immer, wenn wir das Thema „Dienen vom Herzen für den Partner beziehungsweise in der Liebesbeziehung“ mit Paaren besprechen, erhalten wir ganz interessante Aussagen. Und wir erhalten diese Aussagen, egal, ob sie sich bereits mit Spiritualität auseinandergesetzt haben oder nicht. Vielleicht erkennst du ein paar Statements, die du aktuell auch so sagen würdest:

- Also ich gebe ja schon sehr viel in die Beziehung. Wenn ich nicht etwas tun würde, würde hier gar nichts passieren. Er ist ja viel zu passiv.
- Ich sehe nicht ein, nachdem ich mich verstärkt um Kinder, Haushalt, Job und Sonstiges kümmern muss, dass ich ihm da jetzt noch den „Popo hinterhertragen soll“. Bei aller Liebe nicht.
- Ja, das ist ja ein tolles Konzept. Und wer erzählt das meinem Mann? Ich tue und mache ja bereits – und wie wird es honoriert? Mit Schweigen und Rückzug. Ne, ne. Also ich bin ja nicht blöd. Jetzt kann er höchstens was für mich machen.

- Ja, was soll ich denn konkret tun? Sie meckert ja ständig und ich kann ihr nichts recht machen. Da schalte ich ab. Mir ist auch ehrlich nicht klar, was das heißen soll.
- Ich denke, wir sollten erst mal zusehen, dass wir allein, dass wir selbst happy sind. Ich dachte, jeder soll sich erst mal um sich kümmern.
- Also es reicht mir schon, dass ich eine Zeit lang finanziell abhängig war, besonders als die Kinder noch klein waren, das hat schon gereicht. Wozu hat meine Mutter/Großmutter eigentlich für den Feminismus gekämpft? Dass ich jetzt das Frauchen mache? Bestimmt nicht.
- Wer bringt denn die Kohle nach Hause und wer beschwert sich darüber, dass es nicht genug ist und ich nie da bin?
- Wenn ich uns einen schönen Abend mache, gibt's blöde Kommentare und am Ende schnarcht er vorm TV ein!
- Keine Ahnung, wie das gehen soll? Eventuell noch bedingungslos; irgendeine Erwartung gibt es doch immer. Wer soll das erfüllen? Noch mehr Druck!

Na, welche von den Antworten hast du parat? Vielleicht ist es jetzt mal an der Zeit, aufzuschlüsseln, was wir damit meinen?

Was verstehen wir unter dem „Dienen von Herzen für den Partner in der Liebesbeziehung"?

Die oben genannten Aussagen sind absolut verständlich, wenn einer von euch beiden ständig emotional, energetisch oder machend in die Liebesbeziehung hineingibt und wenig bis nichts zurückerhält, ohne dass jemals darüber klar gesprochen wurde.

Aber zuallererst, was bedeutet für dich Dienen? Was verstehst du darunter? Ist es etwas Entwertendes? Bedeutet es für dich ein Machtgefälle? Heißt es, der eine von beiden beherrscht den anderen? Heißt es, persönliche(r) Leibeigene(r) ohne Rechte und Selbstwert zu sein? Heißt es keine Selbstverwirklichung? Heißt es Selbstaufgabe? Kommt bei dir die Furcht vor Dominanz auf?

Schau dir genau an, was es ist und mit wem oder welcher Situation du es assoziierst. Oft ist es etwas, das wir von unseren Ahnen oder aber tatsächlich in diesem und/oder einem vorherigen Leben erfahren haben. Also nicht in Panik ausbrechen, sondern beobachten, was ist, durch wen und in welcher Situation du so reagierst – darüber wachsam zu sein, ist der erste Schritt und für alles gibt es Lösungen. Solche und auch andere Erfahrungen speichert unser Zellsystem und irgendwann, wenn wir gar nicht mehr daran denken, wird diese Erfahrung abgerufen und – peng! – ist die Angst wieder da. Auch hierzu arbeiten wir mit verschiedenen Techniken, um diese Erfahrung zu verändern.

Eine unterstützende Abfrage an die geistige Welt kann bereits eine Handlungsanweisung oder Lösung bringen. Eine solche Abfrage kann die folgenden Fragen beinhalten: Welche Erfahrungen hast du in diesem, in einem anderen Leben (oder deine Ahnen) gemacht, die dich daran hindern, zu dienen und insbesondere deiner Liebesbeziehung und somit deinem Partner zu dienen?

Und zeitgleich erfahren wir, welche Technik für dich geeignet ist, um diese Erfahrung aufzulösen und durch eine positive, herzerfüllende Erfahrung zu ersetzen.

Aber schauen wir uns bis dahin erst einmal an, welche herz- und seelenerfüllte Erfahrung du jetzt im Bereich „Dienen in Liebesbeziehung“ machen willst.

Wir möchten dir an Beispielen von uns aufzeigen, was wir mit dem Prinzip des „Dienens in der Liebesbeziehung“ meinen, und gleichzeitig soll es als Anregung dienen, das ein oder andere mal selbst auszuprobieren.

Uwe hat einmal die Woche einen sehr stressigen Tag, an dem er sozusagen von morgens bis abends durchgeplant ist und somit wenig oder gar keine Zeit für andere Dinge hat. An diesem Tag ist es so, dass ich mich komplett darum kümmere, dass er versorgt ist, dass es ihm gut geht und ich ihm den Rücken freihalte. Das mache ich gerne und nicht nur an diesem Tag.

Umgekehrt ist es so, dass ich (Dajana) kürzlich ein stressiges Wochenende hatte und Uwe sich komplett um Frühstück, Mittagessen und Abendbrot gekümmert hat. Er hat auch darauf geachtet, dass ich genügend trinke; also all das, was ich auch für ihn getan habe oder tue. Dabei geht es nicht darum, Gegenleistung zu erbringen – für uns ist es selbstverständlich, dass der eine für den anderen da ist. Wir denken in unseren Handlungen als Team und unterstützen uns darin, dass der jeweils andere seine gute Entwicklung machen kann. Das bedeutet eine gewisse Verpflichtung und Hingabe.

Das fängt sicherlich – ACHTUNG, MÄNNER – mit dem Runtertragen des Mülls und dem Tragen der Einkaufstüten an. Wenn es dann noch an den drei wichtigsten Tagen für sie im Jahr eine kleine bis große Überraschung gibt, seid ihr der King. Toppen könnt ihr das, indem ihr zwischendurch mal (aus freien Stücken und ohne schlechtes Gewissen) so etwas Buntes für die Vase mitbringt – oder wie wäre es mit einem gemeinsamen Wellnessnachmittag? Euch fällt schon das Passende ein.

Den anderen danach zu fragen, was gerade für ihn/sie wichtig ist, was er/sie braucht. Sei es, ihn oder sie einfach mal in den Arm zu nehmen oder zu sagen: „Ich liebe dich, von ganzem Herzen!“, oder: „Meinst du nicht, es ist an der Zeit, eine Pause zu machen? Lass uns das danach gemeinsam erledigen, dann können wir noch eine Folge der neuen Serie anschauen.“

Es geht dabei nicht darum, dass die Frau oder der Mann, die/der sich mit allem überlastet fühlt, noch mehr macht, sondern um ein liebevolles Unterstützen, das innerlich erfüllen kann – und zwar von beiden Seiten.

Einmal drei Minuten am Tag dem anderen Beachtung schenken und Danke sagen für das, was er/sie für dich tut. Sich morgens mit den Worten zu begrüßen: „Wie schön, dass du in meinem Leben bist; ich liebe dich“, oder sich mit einem Kuss zur Arbeit zu verabschieden. Euch fällt sicherlich noch das ein oder andere ein, das ihr gerne hören oder fühlen möchtet, und da sind wir bei einem anderen Thema der Kommunikation.

Aber vorab noch eine Frage:

Wie möchtest du in deiner Liebesbeziehung dienen?

5.5 Der Energiekreislauf für eine glückliche Beziehung

Wir wollen dir nun einen Energiekreislauf vorstellen, bei dem wir wissen, dass dieser funktioniert. Denn wir dürfen nicht vergessen, dass es um zwei Hauptkomponenten geht: Energie und Bewusstsein in der Beziehung. Sie bilden das Fundament des neuen Jahrtausends.

Wir wollen dir in diesem Kreislauf etwas vorstellen, das zwar in der Abbildung strikt in männlich und weiblich eingeteilt wurde, wir aber natürlich beide Anteile in uns haben – die männlichen wie weiblichen.

Das ist also keine antiquierte Einteilung in männlich oder weiblich, sondern es entspricht den Grundbedürfnissen des männlichen und weiblichen Anteils in uns. Wir wollen an dieser Stelle auch keine Gender-Diskussion beginnen, denn die Masse der Menschen ist sich ihres biologischen Geschlechts bewusst. Jedoch hat man nicht immer ein Bewusstsein darüber, wie man es in der heutigen Welt zum Ausdruck bringen will.

Darauf kommen wir aber noch genauer zu sprechen. Wenn wir uns die männliche Seite anschauen, dann sehen wir, dass ein Mann, oder aber der männliche Anteil in uns, es sehr gerne hat, bestätigt zu werden. Je nach Typ Mann liebt er Status sowie Nähe und Sexualität. Das dürfte für viele nichts Neues sein. Aber der Mann hat das Bedürfnis, der Held für die Frau zu sein. Er ist daran interessiert, für sie Lösungen aufzuzeigen, damit es ihr gut geht. Der beste Status ist tatsächlich eine freudige, entspannte Frau an seiner Seite.

Und wenn wir nun davon ausgehen, dass sich Männer und Frauen in ihrer Energie stärken – denn das ist es, was eine gute Beziehung ausmacht – dann schauen wir uns auch mal an, was sich die Frau in Form von Energie von einem Mann wünscht. Es müssen hierbei nicht alle Punkte zu 100% zutreffen, aber es wird viele Aspekte geben, die Zustimmung finden.

Eine Frau wünscht sich von einem Mann, die Eine zu sein (seine Nummer eins). Für viele ist somit eine Heirat ein klares Bekenntnis nach außen dafür. Zudem ist das Thema Geld, was vielen Frauen auch eine Form von Sicherheit bietet, ein Pluspunkt. In puncto Sicherheit ist beispielsweise für Dajana wichtig, dass ich, Uwe, mein Wort halte. Also, Männer, lasst euren Worten Taten folgen. So, wie Männer sich die Bestätigung von einer Frau wünschen, so freut sich die Frau über seine Wertschätzung. Hier ist natürlich jede Frau sehr individuell darin, wie sie Wertschätzung wahrnimmt. Für manche ist es Schmuck, für andere sind es Blumen, körperliche Zuwendung, liebevolle Worte und natürlich auch, regelmäßig die Worte „Ich liebe dich“ zu hören.

Genau dieses Verhalten des Mannes, diese Zuwendung, beflügelt die Frau in ihrer positiven Energie. Sie will die Sicherheit, natürlich auch Schutz, Achtung und Respekt. Sicherheit kann sich für jede Frau anders definieren sowie anfühlen – von körperlichen über finanziellen Schutz; dass der Mann da ist, in seinem Körper physisch, geistig und spirituell. Dass sie nicht allein ist, wenn es darum geht, (Krisen-)Situationen zu meistern. Bitte schau, was für dich, als Frau, wichtig ist. Der Mann will der Held für die/seine Frau sein. Die Frau will die Königin, die Heilige und die Hure für den Mann sein.

Und wenn wir jetzt diese hoch schwingende Energie der Frau nutzen, wird sie dadurch in ihrer weiblichen Macht gestärkt. Dazu muss man Folgendes wissen: Die Frauen sind in jeder Beziehung die energetischen Machtgeberinnen. Sie sind die Innenministerinnen, sie haben die starke Anbindung an das Geistige und die göttliche Kraft; sie erschaffen von innen heraus. Und in jedem Schöpfungsprozess, egal, was materialisiert werden soll, sind es die Frauen, die durch ihr Kraftzentrum der Gebärmutter im doppelten Sinne das neue Leben hervorbringen. Egal, ob es sich um Kinder handelt oder aber um etwas Neues in der Beziehung, sie ist sozusagen die Ideengeberin. Eigentlich hat sie auch die innere Führung über die Beziehung. Das Wort Machtgeberin mag etwas verpönt sein, aber nur deshalb, weil wir es mit Machtmissbrauch in Verbindung bringen. Wenn wir es anders betrachten, nämlich dass es sich um unsere Macht handelt, die wir als Schöpfer haben, dann ist es etwas Natürliches, etwas, worauf wir uns berufen können, weil es ohnehin schon da ist.

Liebe Frauen, ihr seid sehr herzlich eingeladen, die eigene, weibliche, schöpferische Macht anzunehmen. Das wird euch und alle anderen Frauen stärken und den Kindern zeigt es, was es heißt, eine machtvolle und respektvolle Frau zu sein. Dies ist wichtig für die Frauen, gerade wenn es um Verunsicherungen geht.

Wenn der Mann der Frau natürliche Sicherheit und Wertschätzung schenkt, nimmt die Frau wiederum ihre Macht an und unterstützt den Mann. Sie kann das durch Hingabe, Gelassenheit, Vertrauen und Bestätigung tun. (Ich weiß, ihr lieben Frauen, dass wir in dieser Welt, in der wir leben, mit so vielen Dingen konfrontiert werden, dass dies nicht immer einfach ist.)

Ich (Dajana) sage manchmal zu Uwe, was er gut kann und dass ich finde, dass er das prima macht. Dabei meint Dajana das auch so, wie sie es sagt, und sagt es nicht nur so dahin, aber genau das macht den Unterschied. Dajana: Ich wertschätze Uwe in seinen Fähigkeiten. Ich bedanke mich immer dafür, wenn er etwas für uns erledigt hat – und wenn es

Müllrunterbringen ist. Ich freue mich darüber, dass ich so einen aufmerksamen Mann habe, der zudem auch noch gerne kocht. Er ist fix in Dingen, die ich nicht sonderlich gut kann. Ich vertraue Uwe zu 100 % und wenn ich den Eindruck habe, dass ich mir nicht sicher bin, ob er das wirklich macht, dann gehe ich in Kommunikation.

Ein ganz wichtiger weiblicher Punkt für uns Frauen ist die Hingabe. Dieser Begriff ist in unserer Zeit sehr häufig verloren gegangen. Hingabe hat damit zu tun, mutig zu sein, mutig seine Weiblichkeit zu leben, auch wenn es Verunsicherungen gibt. Sich zu öffnen und zu empfangen. Dajana: Für mich hat es auch damit zu tun, klar zu wissen, was eine Frau will, offen zu sein unter anderem auch für die geistig-göttliche Inspiration und Intuition – und diesen Gefühlen dann zu vertrauen. Die innere Sicherheit zu haben, dass man immer gut geführt wird, auch wenn man mal ein Drama erlebt. Aus dieser inneren Sicherheit heraus weiß eine Frau, wer sie wirklich ist – ein göttlicher, universeller Kanal, der spielerisch und freudvoll seine phantasievolle, reale Zukunft erschafft, inklusive einer bewussten und energetisch hoch schwingenden (Liebes-) Beziehung. Das ist sehr machtvoll.

Mit dieser Energie beschenkt die Frau den Mann. Der Mann wird regelrecht mit dieser Energie gestärkt und erhoben. Du kennst das vielleicht, dass ein Mann, der Anerkennung bekommt, der sich gut mit seiner Frau versteht und sich verstanden fühlt, auch beruflich mehr Energie hat und oft erfolgreicher ist. Er wandelt sozusagen die Energie, die er erhalten hat, um und stärkt damit seinen Erfolg, seine Potenz und erweitert damit sein Potential.

Wenn wir diesen Kreislauf nicht aus einer Ego-Perspektive betrachten, ist es ein absolut gewinnbringendes Win-win-System für alle.

Natürlich ist zu berücksichtigen, dass dieser Kreislauf auch mal umgekehrt funktioniert. Wenn die Frau ein wichtiges berufliches Projekt hat und der Mann sie bestätigt und ihr durch Ruhe und Gelassenheit hilft, gegebenenfalls ihr Aufgaben abnimmt, dann ist der Kreislauf auch so nutzbar. Denn es kann dann sein, dass der männliche Anteil der Frau sehr gefordert ist und der Mann dann energetisch die weibliche Rolle einnimmt. Auch da wirst du feststellen, dass es euch beide energetisiert.

Die Frage, die sich dir wahrscheinlich stellt, ist: Was kann ich tun, damit ich diesen positiven Energiekreislauf entwickeln kann?

Da du dazu bereits in den vergangen und noch in den kommenden Kapiteln mehr lesen wirst, wollen wir an dieser Stelle nur ganz kurz etwas dazu sagen:

1. Kommuniziere regelmäßig sowie wertschätzend und ehrlich.
2. Auch hier ist es gut, die Punkte mit der gemeinsamen Mission, Vision und den Werten als Paar sehr klar visioniert und definiert zu haben.
3. Es ist das klare gegenseitige Versprechen, dass ihr euch vertraut, wertschätzt, liebt und dazu klare Vereinbarungen trefft.
4. *Last but not least*, umso mehr du dir selbst auf die Schliche kommst und deine unbewussten Programme wahrnimmst und transformierst (übrigens kann man das auch prima gemeinsam machen), desto einfacher wird der unglaubliche Trip als Paar.

Aber hier noch ein paar Fragen für dich:

1. Wie sieht aktuell euer Energiekreislauf aus? Stärkt oder schwächt ihr euch?
2. An welcher Stelle handelst du konträr zu dem Energiekreislauf und an welcher Stelle handelt dein Partner gegen die erhebende Energie?
3. Wo ist sozusagen eure „Bruchstelle“ im System?
4. Was müsstet ihr tun, um in diesen erhebenden Energiekreislauf zu gelangen?

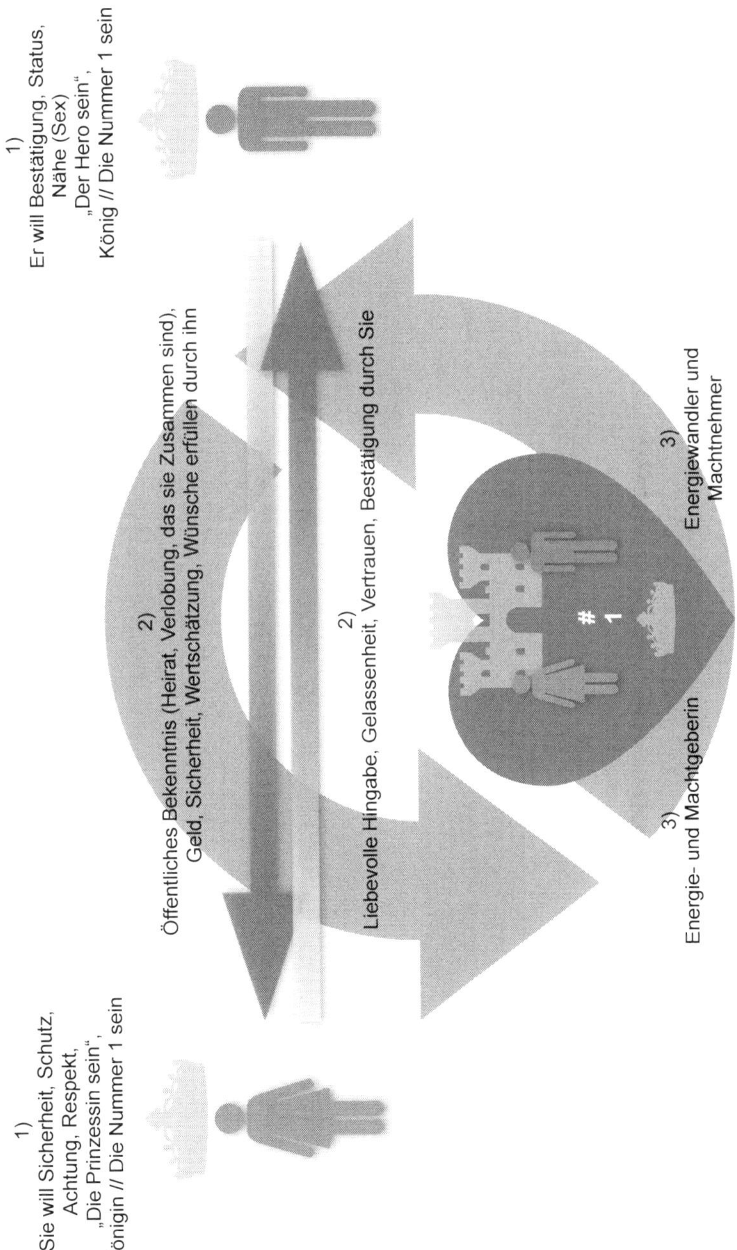
1)
Sie will Sicherheit, Schutz,
Achtung, Respekt,
„Die Prinzessin sein",
Königin // Die Nummer 1 sein
1)
Er will Bestätigung, Status,
Nähe (Sex)
„Der Hero sein",
König // Die Nummer 1 sein
2)
Öffentliches Bekenntnis (Heirat, Verlobung, das sie Zusammen sind),
Geld, Sicherheit, Wertschätzung, Wünsche erfüllen durch ihn
2)
Liebevolle Hingabe, Gelassenheit, Vertrauen, Bestätigung durch Sie
#1
3)
Energie- und Machtgeberin
3)
Energiewandler und
Machtnehmer

5.6 Mit- und Füreinander in der Beziehung – Was heißt das denn?

Wir werden auch immer wieder gefragt: Was habt ihr eigentlich immer mit eurem Mit- und Füreinander in eurer Beziehung. Was heißt das denn?

In den aktuellen Beziehungen geht es zumeist darum, dass wir überwiegend auf uns schauen, unsere Selbstverwirklichung voranbringen wollen. Das ist auch gut so. Den eigenen Seelenweg herauszufinden, ist eine wichtige Basis für eine Beziehung der neuen Zeit. Eine Beziehung der neuen Zeit bedeutet, dass du immer mehr ein Bewusstsein darüber bekommst, wer du wirklich bist. Das hört sich immer sehr simpel an, aber es geht darum, klar zu wissen, dass wir mehr sind als die von uns definierte Persönlichkeit. Dass wir wissen, warum wir hier auf dieser Erde sind. Was bedeutet Energie und wie gehe ich mit ihr um, auch im Zusammenhang mit meinem Partner? Es bedeutet, zu wissen, wozu ich mit diesem Menschen zusammen bin, dass Mann und Frau sich erweitern und somit das Bewusstsein beider gestärkt wird und sie ein erfüllteres Leben und eine erfüllte Beziehung führen können.

Wenn mir also klar ist, wozu ich in dieser Inkarnation da bin und wie mein Handeln und Sein das Leben meines Partners positiv beeinflussen, kann ich klar festlegen, was es in der Beziehung bedeutet, füreinander da zu sein, oder wie sich das Miteinander gestaltet.

Wie möchtest du für deinen Partner da sein? Wobei willst du ihm in seiner persönlichen Entwicklung helfen? Hier sind wir wieder bei dem Thema: das Dienen für den Partner. Allerdings kannst du den Aspekt anders betrachten. Denn es geht darum, sich bewusst zu sein, wer du sein willst mit all deinen Qualitäten, mit dem, was du in dieser Inkarnation zum Ausdruck bringen willst, um diesen wunderbaren Menschen zu unterstützen.

Das Miteinandersein heißt: Wie ist das Grundgefühl in eurer Beziehung? Was willst du hauptsächlich in Gegenwart deines Partners fühlen? Ist es eine tiefe Verbundenheit, ein wohliges Gefühl, auch wenn man sich anschweigt? Eine Vertrautheit und Tiefe mit der Berührung der Hände? Es ist wirklich gut, zu diesem Thema genau in sich hineinzufühlen.

Manche Paare teilen mit, dass es im Widerspruch steht; die erotischen Gefühle, die man empfindet, wenn die Energie unter Umständen aufgeladen und feurig ist, zu dem oben genannten Gefühl. Wir empfehlen, es nicht so einseitig zu betrachten, sondern mal hineinzufühlen, welche Nähe und neuen, fast schon unbekannten Gefühle hochkommen. Nähe und Tiefe können ein ganz neuer Ansatz für eine neu gelebte Sexualität sein.

5.7 Selbstbild, Muster und Glaubenssätze für mehr Glück in der Beziehung?

Was ist dein eigenes Bild über dich?

Notiere, was du gerade über dich denkst und fühlst und gehe damit in den Austausch. Ob das der andere auch so sieht? Frage dich auch: Würdest du so eine Person lieben wollen? Nichts ist in Stein gemeißelt, Transformation ist möglich.

Welchen Einfluss hast du darauf, was du nach außen kommunizierst? Wie war das noch mal mit der Kommunikation? Mit der Energie ist das ähnlich; sie wird von deinem Gegenüber und besonders von deinem Partner wahrgenommen.

Welchen Glaubenssatz hast du über Männer und über Frauen? Sei ganz ehrlich zu dir. Sind sie alle gemein, unzuverlässig, aggressiv, sie lassen Frauen hängen? Was ist in deinem System gespeichert? Bist du bereit, mutig zu sein, es dir anzuschauen und es zu verändern?

Wie ist es als Mann für dich?

Wie ist es als Frau für dich?

5.8 Schwüre, alte Verbindungen und Verträge aus vorherigen Leben. Was haben die jetzt mit meiner Partnerschaft zu tun?

Wir machen uns oft Gedanken über die naheliegendsten Dinge, warum eine Beziehung nicht gut funktioniert oder „unter keinem guten Stern steht".

Wir halten es für gut, auch ein Thema zu betrachten, dem wir uns nicht immer sofort zuwenden.

Wir alle haben nicht nur ein Leben geführt, sondern oftmals mehrere Tausend Leben. Und auch diese starken Entscheidungen, die wir in vorherigen Leben getroffen haben, können über mehrere Inkarnationen Gültigkeit haben.

Gerade wenn man schon viel Transformationsarbeit geleistet hat und das Thema immer noch nicht gelöst wurde, ergibt es Sinn, auch diesen Aspekt überprüfen zu lassen.

Gibt es öfters Herausforderungen in der Beziehung mit Geldknappheit, ist es nicht schlecht, mal zu schauen, ob es einen Schwur gab zu dem Thema Armut. Dies gibt es sehr oft im Zusammenhang mit einer Inkarnation, in der man das Armutsgelübde abgelegt hat.

Herausforderungen mit Nähe und Herzöffnung können durchaus auch ein Schwur sein, der getätigt wurde, weil man vielleicht für seine große Liebe, die man nicht ausleben durfte, gestorben ist. Dann kann immer noch die Verbindung greifen: Nähe und Herzöffnung ist lebensbedrohlich.

Auch der Schwur, nie wieder zu vertrauen, weil man verraten wurde, kann sich selbstverständlich auf die aktuelle Beziehung auswirken.

Ein Vertrag kann sich so zeigen, dass man das Gefühl hat, man kann nicht mit ihm aber auch nicht ohne ihn. Es ist wie ein innerer Zwang, mit dieser Person zusammen sein zu müssen, obwohl man sich nicht guttut.

Um herauszufinden, ob überhaupt ein Schwur, Gelübde oder sogar ein alter Vertrag zum Tragen kommt, ist es notwendig, dass danach in einer medial-geführten Beratung geschaut und eine Auflösung durchgeführt wird.

5.9 Ist eine glückliche Beziehung eigentlich Karma oder Glückssache? Bin ich immer das Opfer oder sogar der böse Täter?

Also, eine glückliche Beziehung ist keine Glückssache. Wie wir später noch in einem Kapitel schreiben, spielen Seelenverträge, Absprachen, alte Schwüre aus vorherigen Inkarnationen natürlich eine Rolle und sind eine Richtlinie, was du in diesem Leben und in dieser Beziehung erfahren willst.

Auch der Begriff Karma wird immer wieder genannt. Oftmals ist es so, dass wir unsere Partner nicht das erste Mal treffen, sondern mit sehr hoher Wahrscheinlichkeit haben wir schon ein Leben in einer anderen Konstellation geführt. So kann es gewesen sein, dass der Partner in einem anderen Leben der Bruder war oder die Vaterrolle eingenommen hat.

Wir reden von Karma, wenn wir von einem Ursache-Wirkungs-Prinzip sprechen. Manchmal kann es also sein, dass ein Partner in diesem Leben etwas gutmachen will, das im letzten Leben nicht so gut gelaufen ist. Das bedeutet keinesfalls, dass es wie ein Fluch auf einem lastet, der sich nicht verändern ließe.

Die guten Nachrichten sind: Du bist dem nicht ohnmächtig ausgeliefert. Du kannst sehr viel steuern und du kannst die Grundlagen einer glücklichen Beziehung eindeutig festlegen. Aber, und davon sprechen wir öfters in diesem Buch, das Bewusstsein und der Einsatz der eigenen Energie sind die Grundpfeiler für deine Entwicklung in diesem Leben und auch in deiner Beziehung.

Du kannst für dich eindeutig festlegen:

1. In diesem Leben lebe ich mein höchstes Potential in allen Lebensbereichen – auch in meiner Beziehung.
2. Meine Beziehung wird ein großartiger Motor für meine Entwicklung sein, sei es spirituell, geistig, physisch und so weiter.
3. Der Sinn in dieser Beziehung ist, zu geben und zu dienen, und zwar so, dass wir beide wachsen. Ich liebe es, mitzubekommen, wie mein Handeln, meine Liebe und meine Herzöffnung meinen Partner glücklich machen. Das wiederum erfüllt mein Herz.
4. Die Beziehung ist keine Handelsplattform, aber wir nutzen im Konsens Aspekte, die für uns beide dienlich sind.

Wenn du diese Aspekte erst einmal nur für dich festlegst, dann hast du damit eine sehr gute Grundlage gelegt. Natürlich ist es schön, wenn der Partner sich auch dafür interessiert und es für sich festlegt, aber deine Absicht im Leben und in der Beziehung können alles verändern.

Allerdings heißt es nicht, dass jetzt alles glatt und problemlos verläuft. Es sagt erst einmal nur aus, welche Richtung du der Beziehung gibst, ganz unabhängig von dem Wunsch deines Partners.

Selbstverständlich wird es Phasen geben, in denen du deinen Partner „doof" findest oder den Eindruck hast, dass du mehr machst als er.

Wir haben zwar klar gesagt, Beziehung ist keine Handelsplattform, das heißt aber nicht, dass nicht gewisse Punkte besprochen und abgestimmt werden dürfen. Und hier kommt es darauf an, welche Haltung du dazu einnimmst.

Die meisten Menschen – und das ist etwas, was in der Beziehung des neuen Jahrtausends keinen Platz mehr haben wird – haben die Haltung: Ich öffne mich nicht, da ich nicht verletzt werden will. Diese Haltung wird nicht mehr funktionieren.

Das bedeutet somit: Nur wer konsequent bereit ist, an dem Thema Kommunikation, seinen Herzenswünschen, seinen Werten, seiner Liebesfähigkeit, seiner hoch schwingenden Energien und seinem Bewusstsein zu arbeiten und mutig ist, sich seinen unangenehmen Gefühlen zu stellen, hat eine Chance, glücklich in einer Beziehung zu sein. Wer die Beziehung als wunderbare Reise empfindet, in der man dankbar sein darf für so einen tollen Begleiter, auch wenn es mal Zoff gibt, wer nachhaltig an seinen eigenen Themen dranbleibt, der ist auf einem guten Weg. Es ist klar, dass glücklich nicht heißt: Wir finden uns immer super, wir haben immer tollen Sex, wir haben immer Harmonie, wir lieben uns immer gleich, wir sind uns immer sicher, wir werden immer wertgeschätzt und bewundert und es läuft alles easy. Das ist keine glückliche Beziehung.

Eine glückliche Beziehung bedeutet auch, dass man gemeinsam eine Reise antritt, die mit Vertrauen, Offenheit, Liebe, Kommunikation und Tiefe begleitet wird, sodass man gemeinsam Höhen und Tiefen besser meistern kann und als besserer Mensch mit vielen wunderbaren Erfahrungen in tiefer Dankbarkeit durch das Leben segelt.

Um das zu machen, braucht es auf jeden Fall Mut, dich zu öffnen und dich verletzen zu lassen, wiederholende Herausforderungen immer wieder anzuschauen, die innere Freude daran, dass deine Hingabe in die Beziehung nicht nur dich wachsen lässt, sondern auch den Partner.

Glückliche Beziehung bedeutet volles Risiko. Es heißt nicht, dass du dir alles gefallen lässt, da ständig deine Werte missachtet werden, dass du nicht anerkannt wirst, dass du körperlich und physisch schlecht behandelt wirst oder dass deine Liebe und dein Geben ständig ausgenutzt werden oder dein Vertrauen missbraucht. Eindeutig nicht.

Zu einer glücklichen Beziehung gehört auch, dass du bei der wiederholten Missachtung sehr klar die Konsequenzen kommunizierst und diese auch wirklich umsetzt.

Das ist etwas, was du für deinen Selbstrespekt tun darfst.

5.10 Wie die Altlasten aus vorherigen Beziehungen eure Beziehung „beschweren“

Wenn wir die schamanische Betrachtungsweise zugrunde legen, dann ist es für uns Frauen so, dass alle Männer, mit denen wir Geschlechtsverkehr hatten, immer noch mit uns verbunden sind. Sie erhalten von uns sozusagen immer noch Energie. Dabei ist die Gebärmutter das weibliche Kraftzentrum. Man darf sich das so vorstellen, dass sie wie ein unsichtbarer Energiestrahl den Männern zufließt, egal, ob wir noch Kontakt zu ihnen haben oder ob sie selbst längst verheiratet sind oder in einem anderen Land leben.

Das ist aber durch Mantras und energetische Gebärmutterreinigungen veränderbar. Dieser Energiestrom kann auf diese Weise also unterbrochen werden.

Für die Männer hingegen – so ist es in der Lehre des Kundalini-Yogas zu finden – besteht diese Verbindung nach dem Geschlechtsverkehr mit einer Frau für 28 Tage (also einen Mondzyklus). Danach ist diese Verbindung energetisch für den Mann mit dieser Frau nicht mehr existent. Eine Frau, wenn sie keine Ablösung durchführt, ist ein Leben lang mit dem Mann verbunden.

Allerdings kommt noch hinzu, dass viele Paare mit ihren Ex-Partnern auch über Gedanken und Emotionen stark verbunden sind. Auch das darf genau beleuchtet werden.

Wenn du immer noch darüber nachdenkst, ob der Sex oder viele Aspekte im Zusammensein mit Ex-Partnern einfach total schön waren, ist das für kurze Zeit okay. Wenn du aber immer wieder daran denkst und immer noch Gefühle hegst, seien es positive oder negative, dann kannst du davon ausgehen, dass auch hier ein nicht geklärtes Verhältnis besteht. Das erkennst du daran, dass der Gedanke an den Ex-Partner nicht neutral bis wohlwollend gefühlt werden kann.

Sobald es noch Vorwürfe, Wut, Angst oder Verachtung für diesen Menschen gibt, bist du energetisch nicht „geklärt“ mit dir und nicht geklärt mit ihm.

Das hat wiederum die Konsequenz, dass es deine aktuelle Beziehung beeinflusst. Du kannst nicht zu 100 % für deinen Partner da sein, weil immer noch ein Teil in dir bei ihm ist.

Dasselbe gilt natürlich für den Mann, der energetisch einen Teil bei dieser Frau gelassen hat.

Die gute Nachricht ist: Durch gezielte Energieübungen ist alles wandelbar.

Aber auch hier schauen wir als Erstes, wo du stehst.

1. Schwirrt in deinem Kopf noch ein Ex herum, seien es sehr positive Gefühle oder Gedanken oder sehr negative? Es können auch Menschen sein, wo man darüber mal nachgedacht hat, ob es was werden könnte. Sind diese Menschen präsent in deiner Gefühls- oder Gedankenwelt?
2. Falls ja, notiere dir diese Situation. Was hat dich besonders bewegt? Gab es da eine große Liebe?
3. Wir empfehlen immer, sich komplett von den Ex-Beziehungen zu trennen, sei es auf Social Media, von Telefonnummern oder aber auch von Geschenken.
4. Der letzte Schritt ist, sich genau anzuschauen, was und wozu man noch mit diesem Menschen verbunden ist, um dann die energetischen „Strippen“ zu entfernen und alte Gefühle zu transformieren, sodass das Gefühl neutraler ist.

5.11 Wie und wer willst du in deiner Beziehung sein?

Wir glauben, dass das eine Frage ist, die sich die wenigsten Paare stellen. Wenn du ehrlich zu dir selbst bist, hast du am Anfang deiner Beziehung nicht bewusst daran gedacht, wie und wer du wirklich in der Beziehung sein willst, oder?

Die meisten denken daran, wie toll es ist, mit einem Partner zusammen zu sein, wie gut es sich anfühlt, nicht mehr allein zu sein, wie romantisch alles sein kann oder wie erotisch die Anziehungskraft ist. Endlich bekommt man volle Aufmerksamkeit, man wird begehrt, die Hormone hüpfen vor Glück und man hat regelmäßig wunderschönen Sex.

Das ist am Anfang einer Beziehung völlig normal. Das, was uns eigentlich traurig macht, ist, dass wir meinen, dieser Zustand ist das eigentliche Normal. Wir sehnen uns, gerade wenn wir sehr lange in einer Beziehung sind, zu diesem Zustand zurück. Keine Frage, man kann einige Momente mit herüberretten in den Alltag.

Allerdings ist es so, dass die Beziehung, wenn sie im Laufe der Zeit mehr Tiefe gewinnt, auch mehr an Qualität erhält.

Natürlich ist uns klar, dass bei dir aktuell sehr oft das Gegenteil der Fall ist, nämlich Entwertung, Genervtsein, Distanz und weniger Nähe oder gute Kommunikation.

Aber die Frage an dich: Wie willst du in deiner Beziehung sein? Was für ein Partner willst du sein?

Wie willst du in der Beziehung sein:

- freundlich
- unterstützend
- sexy
- freudig

- lustig
- optimistisch
- intelligent
- sinnlich
- entspannt
- überraschend

Wer willst du in der Beziehung sein:

- eine Lady
- ein Gentleman
- ein Held oder eine Königin
- Herausforderungslöser
- Mehrwertschaffer
- Freiheitsdenker
- Energiespender
- Liebender
- Organisator
- Mitdenker und Mitfühler

Sei dir deinen Bedürfnissen in einer Beziehung bewusst und äußere sie klar, aber mache dir auch sehr bewusst, wer und wie du in deiner Beziehung – und hier besonders für deinen Partner – sein willst. Du kannst immer mehrere Dinge sein. Ergänze für dich diese Liste und spreche sie an. Das kann Spaß machen und ihr richtet euch gemeinsam auf das schöne Neue aus.

5.12 Wie stelle ich wieder Nähe her?

Nähe wird recht unterschiedlich wahrgenommen. Für den einen ist es das Gefühl nach der Kommunikation und für den anderen ist es die körperliche Berührung und Sexualität.

Eines konnten wir feststellen:

Nähe findet zunächst einmal über eine offene und ehrliche Kommunikation statt. Das Gefühl, dass der andere einem zuhört, einen sieht und die Bedürfnisse wahrnehmen kann.

Wenn das Verständnis da ist und das Herz sich für den anderen öffnet – das ist der erste Schritt zur Nähe.

Ja, natürlich funktioniert auch der Versöhnungssex, jedoch, wenn danach die Ursache des Streits nicht mit offenem Herzen und absoluter Aufmerksamkeit besprochen wird und keine Lösungsfindung in Sicht ist, war es nur ein kurzes, wenn auch körperlich intensives Gefühl.

Wenn du den umgekehrten Weg wählst und zunächst alle beide die Kommunikation mit offenem Herzen und absoluter Aufmerksamkeit wählen und ihr im Anschluss Sex mit miteinander habt, wirst du feststellen, dass die Intensität, die Nähe (wir meinen jetzt hier nicht die absolute Leidenschaft) um ein Vielfaches stärker ist.

Es scheint fast so, als wenn sich zwei Seelen vereint haben. Und das ist nicht besser oder schlechter als wilder, hitziger Sex, der auch toll ist, aber es gibt eine sehr tiefe Seelenbegegnung mit Körper und Geist.

Was wünscht du dir?

5.13 Aufrichtige Anerkennung und Dankbarkeit – die Basis

Wenn du deinen Partner aufrichtig und ehrlich anerkennst und es auch aussprichst, wirst du ein Wunder erleben.

Es geht hier nicht darum, deinem Partner „Honig um den Bart oder ihr um den Mund zu schmieren“ – das wäre ja nur manipulativ –, sondern es geht darum, ihn zu sehen mit seinen einzigartigen Fähigkeiten. Mach es dir zur Angewohnheit, die Fähigkeiten und Talente zu erkennen, das, was dein Partner besonders gut kann oder auch was er einfach in der Partnerschaft tut, hervorzuheben.

Ich sage Uwe, auch wenn er sich nicht sicher ist, ob er eine Sache wirklich gut beherrscht, dass ich an ihn glaube und weiß, dass er es kann. Das sage ich allerdings nicht einfach so, sondern spüre und merke, dass er die Kompetenz hat.

Ermutigt euch in der Partnerschaft, glaubt an euch – gegenseitig – das ist echtes Empowerment.

Wir bedanken uns gegenseitig für Dinge, die zum einen selbstverständlich sind (wenn sie unter anderem abgesprochen wurden) und zum anderen nicht selbstverständlich sind. Egal, ob es um Den-Müll-Runterbringen geht, ein Projekt finanziell erfolgreich gestaltet wird, die Spülmaschine eingeräumt ist oder das Essen gemacht wurde.

Das macht in der Qualität der Beziehung einen echten Unterschied.

Hier ein paar Fragen, die dir helfen sollen, deinen Partner und seine Qualitäten zu sehen.

- Was entdeckst du regelmäßig für Talente an deinem Partner?
- Was übernimmt er regelmäßig für Aufgaben in eurer Beziehung?
- Welche Äußerlichkeiten, wie Kleidung, Augen oder Lippen und so weiter, fallen dir besonders auf und du hast es nicht oft gesagt?
- Was kann dein Partner besonders gut?
- Welche Charaktereigenschaften liebst du an ihm?
- Was tut er für dich und/oder die Familie?
- Wie fühlt sich seine Seele an?

Wenn du deinem Partner aufmerksam begegnest, wirst du feststellen, welch einen großen Schatz du an deiner Seite hast, mit vielen Talenten und Eigenschaften, welche die Beziehung bereichern.

Wenn du diese Wahrnehmung kultivierst, wirst du zudem dankbar sein, dass du solch einen Menschen an deiner Seite hast.

Das ist definitiv einer der stärksten Glücklichmacher in der Beziehung.

Und vielleicht ist es dir schon aufgefallen: Wenn du etwas für deinen Partner tust, bereicherst du auch dein Herz. Wenn du die Schönheit seiner Seele siehst und das, was er tut, bereicherst du dich – denn dieser Mensch ist mit diesen Qualitäten an deiner Seite.

Wir sind uns darüber bewusst, dass dieser Abschnitt des Buches sehr viel Widerstand hervorrufen kann, insbesondere dann, wenn nur eine Person mehr gibt und die andere Person weniger. Wir wollen gar nicht auf psychologische Konstellationen eingehen, sondern aufzeigen, dass man, obwohl es vielleicht Stress in der Beziehung gibt, den Blickwinkel verändern kann.

Wir wollen dir aufzeigen, was es noch geben kann neben schlechter Stimmung und negativen Gefühlen.

Hier mal eine Liste, was Uwe an Dajana schätzt. Sie ist:

- offen,
- herzlich,
- liebevoll,
- neugierig,
- unterstützend,
- empathisch,
- rücksichtsvoll (sieht, wenn ich im Stress bin),
- proaktiv.
- Sie Versprüht Herzenswärme und hat eine liebevolle und wertschätzende Art mit mir umzugehen.
- Sie sieht mich.
- Sie sieht manchmal mehr in mir, als ich in dem Moment in mir selbst sehe.

- Sie kann Dinge präzise auf den Punkt bringen.
- Sie hat ein hohes Kuschel-Bedürfnis.

Hier die Liste, was Dajana an Uwe schätzt. Er ist:

- ein Versorger und ist interessiert daran, meine Wünsche zu erfüllen;
- technisch sehr versiert;
- ein sehr spiritueller Mann und Heiler;
- ein wunderbarer Koch und Geschmackskünstler;
- ein sehr fürsorglicher Mann, er sieht die Bedürfnisse von Menschen;
- sehr gut im Strukturen-Installieren und Zeitmanagement;
- intuitiv beim Einkaufen;
- ruhig und geduldig;
- flexibel und macht bei meinen Ideen und spontanen Aktionen sehr oft mit.
- Er hat sanfte Hände und schöne Augen,
- einen guten Kleidungsgeschmack.
- Er mag schöne Dinge.

Wie sieht deine Liste aus?

5.14 Warum haben wir Frauen die zentrale Rolle in der Beziehung?

Wir Frauen haben eine zentrale Rolle in der Beziehung, weil wir diese energetisch steuern.

Wir Frauen haben eine Gebärmutter, die nicht nur Kinder gebären kann, sondern auch energetisch gesehen das Machtzentrum der Frau ist.

Diese energetische Gebärmutter ist in Verbindung mit dem Mann, dem sie Energie spendet, auch dann, wenn er gerade nicht da ist. Der Mann kann sich das vorstellen wie eine unsichtbare Verbindungslinie. Die energetische Gebärmutter der Frau versorgt auch die ganze Familie mit Energie.

Das bedeutet, dass diese Gebärmutter nicht physisch, sondern auch energetisch mit der Quelle des Lebens verbunden ist.

Der Mann allein hat, bedingt durch die Physiologie, diese Qualität nicht, sondern ist diesbezüglich von der Frau in einer gewissen Abhängigkeit.

Die Energie der Gebärmutter verhilft auch dem Mann dazu, erfolgreich zu sein.

Durch den Geschlechtsverkehr nimmt die Gebärmutter der Frau die negative Energie des Mannes auf. Wie durch eine Waschmaschine wird diese gereinigt. Die Gebärmutter der Partnerin ist somit nicht nur kraftspendend, sondern auch reinigend.

Der Mann, wie wir ja schon in vorherigen Kapiteln gesehen haben, kann diese Quelle nutzen, um daraus materiellen Wohlstand zu erschaffen. Das heißt im Umkehrschluss nicht, dass eine Frau das nicht auch kann.

Es soll einfach die Kraftquelle der Frau darlegen.

In unserer Zeit gibt es einige Faktoren, die dazu führen, dass wir Frauen nicht wissen, womit wir unsere Energie erzeugen, wie man sie hält und wie man sie reinigt.

Wir Frauen haben durch unser modernes, städtisches Leben den Kontakt zur wahren Natur verloren. In früheren Zeiten waren Frauen mehr in der Natur, sie sind barfuß gelaufen und konnten so direkt den Kontakt zu Mutter Erde herstellen und haben sich in lebendigem, energetisch aufgeladenem Wasser in Flüssen, Bächen oder Seen gereinigt. Die Frau war viel mehr ein Teil der Natur, ein Teil der Schöpfung, und konnte so die eigene Schöpfungskraft bewusster wahrnehmen.

Auch die Kenntnisse über die Reinigung der Gebärmutter war Frauen bewusst. Sie wussten sozusagen, was zu tun war, rein intuitiv, um ihr „Machtzentrum" zu steuern, was nötig war, um es zu reinigen und wie sie die sexuelle Kraft nutzbar machen konnten, um Wohlstand anzuziehen.

Dieses Wissen ist natürlich über die vielen Jahrhunderte, gerade in Zeiten der Inquisition und Hexenverfolgung, fast verloren gegangen.

Die maskulin geprägte Kirche hatte kein Interesse daran, dass Frauen ihre Macht bewusst leben, denn sonst hätten sie diese Kirchenstruktur so niemals durchsetzen können.

Der damit verbundene alte und neue Schmerz, der vielen Frauen in den vergangenen Jahrhunderten zugefügt wurde, ist als Information natürlich noch im Energiefeld gespeichert.

Wir Frauen von heute gehen selten barfuß in die Natur, wir tragen eher nette Schuhe. Wir reinigen uns auch selten in Bächen oder Seen, sondern duschen eher in „energetisch totem Wasser“. Zudem sind wir viel seltener draußen in der Natur.

Das fördert nicht unser Bewusstsein, Teil der Natur zu sein und selbst die schöpferische Kraft in uns zu tragen.

Bedingt dadurch, dass wir nicht nur die negativen Gefühle, Energien und Gedanken des Mannes aufnehmen und ihn energetisch stärken, sondern auch die der ehemaligen Geschlechtspartner, ist es zwingend für uns Frauen notwendig, regelmäßig die Gebärmutter zu reinigen. Das gilt auch besonders für Frauen, die physisch keine Gebärmutter mehr haben, denn auch hier wird ja die negative Energie angesammelt.

Wir Frauen wurden in der Schule nicht darüber unterrichtet, wie wichtig die Gebärmutter ist, was wir energetisch damit alles tun können und wie wir dieses wunderbare Schöpfungspotential für uns und unsere Familie nutzen dürfen.

Es ist quasi so, dass du als Frau mit der Geburt einen Bugatti oder Porsche-SUV bekommen hast, aber nicht weißt, dass du so ein kraftvolles Vehikel dein Eigen nennst, geschweige denn, dass ständige Wartungsarbeiten für den Wagen unabdingbar sind, damit der Wagen auch in Zukunft kraftvoll läuft.

Um sich als Frau zu stärken, ist viel Aktivität in der Natur sehr gut, auch tanzen und natürlich Yoga.

Eine Frau, welche den Zugang zu ihrer Schöpfungskraft hat, fühlt, dass alles um sie herum lebendig ist. Sie ist verbunden mit Bäumen, Blumen und Tieren, die wachsen und sozusagen schöpfen. Sie spürt die kraftvolle Natur, die Mutter Erde, die selbst schöpferisch gebend ist. Da wir Frauen uns davon so weit abgetrennt haben, sind wir auch öfters verunsichert und nicht im Vertrauen.

Wer sich mit dieser Kraft jedoch regelmäßig verbindet, ist in sich selbst sicherer – du bist wie Mutter Erde, kraftvoll und schöpferisch. Wenn du dieses Bewusstsein wieder hast und bereit bist, diese Macht in dir für dich und deine Liebsten anzunehmen, in spielerischer Freude damit zu sein, dann hilfst du deiner Beziehung und auch deinem Mann – der ganzen Welt – mehr, als du es erahnst.

Wenn du als Frau noch weißt, dass dich die Gemeinschaft von Frauen, die in positiver, heilender Absicht handeln, nährt und ihr gemeinsam alle als kraftvolle Wesen das Leid der Welt in Freude verändern könnt, dann wird sich vieles durch euch verändern.

Mit der Reinigung deines Körpers und der Reinigung deiner Gebärmutter gewinnst du die Möglichkeit, dein Energie-Level zu erhöhen und somit auch deine Beziehung/Familie zu stärken. Wenn wir Frauen wissen, dass wir diese wunderbare Energie erzeugen können, die auch für Sicherheit, Freude, Unterstützung, Wohlstand der Familie und für uns Frauen steht, dann erschafft das in uns Freude, unser Selbstwert wird gestärkt und unsere Beziehungen profitieren auch davon.

Dieses Wissen wieder verstärkt in die Gesellschaft und in die Beziehungen zu holen, heilt die Frauen, es stärkt die Männer und es hilft uns, auch wieder die Verbindung zur Natur zu stärken.

6 Geld/Sex/Kinder

6.1 Das liebe Geld und der Stress darum herum

Ja, wir wissen, Geld und Sex sind die Themen, die in einer Beziehung für viel Kopfzerbrechen sorgen. Über diese beiden Themen kann man sicherlich sehr viel schreiben. Wir wollen dir allerdings sehr gezielt Hinweise zu diesen Themen geben.

Sex, genau wie Geld, kann positiv und negativ genutzt werden. Wir wissen, dass es Kindheitserfahrungen in diesem Leben, Herausforderungen aus vorherigen Leben, aber auch in der Ahnenlinie gegeben haben könnte. Es gibt verschiedene Methoden, dieses Thema zu transformieren, welche wir in einer persönlichen Einzelarbeit durchführen.

Wichtig ist zu wissen, dass Geld der Katalysator ist, der zeigt, was sich in unserem Inneren zum Thema Werte, Macht und Selbstwert abspielt.

Die Frage ist: Gibt es ein Ungleichgewicht in Sachen Geld in der Beziehung? Ist es gar so, dass die Angst besteht, dass sie/er vom Partner in Sachen Geld betrogen wird? Sind die Einnahmen stets gering und/oder die Ausgaben zu hoch? Hat einer oder haben beide das Gefühl, irgendwie in Sache Geld in einer Abhängigkeit zu leben im Zusammenhang mit dem Partner? Was für Ängste sind im Bereich Geld fühlbar?

Was wir generell dazu sagen können, ist: Sei dir vorab klar, was Geld für dich bedeutet. Stehst du Geld positiv gegenüber? Welche Erfahrungen haben dir deine Eltern in Sachen Geld vorgelebt? Welche Haltung hast du zu dem Begriff Macht? Der aktuell auch ein synonym für Geld sein kann. Wo spürst du hinsichtlich des Geldes einen Mangel oder eine Angst? Wo beschränkst du dich in Sachen Geld? Was ist die Summe, wo du sagst: „Ach, das brauche ich doch gar nicht." Wo hättest du gerne mehr Geld? Auf welchen Wegen darf Geld zu dir kommen? Was sind deine beziehungsweise eure Herzenswünsche, die ihr euch mit Geld erfüllen könnt? Was wollt ihr anderen Menschen zukommen lassen?

Wenn du dir darüber klar bist, dann besprich dieses Thema in der Partnerschaft. Umso ehrlicher, desto besser. Gemeinsam findet man schneller einen Ausweg aus dem Mangel. Wir persönlich haben uns in Zeiten von Geldmangel zusammengesetzt und festgelegt, was unsere Ziele sind und dass wir gemeinsam die Energie nach oben bringen, um so unser Ziel zu erreichen.

Es zeigt sich durch das Geld, wo man selbst noch Ängste hat, sich beschränkt oder sich noch nicht für gut hält. Wenn du Geld als deinen Lehrmeister siehst, der deinen Werten und deinen Ausdruck von Macht zu folgen hat, werdet ihr beide eine Bereicherung im Leben erfahren. Zusätzlich möchten wir noch sagen: Kauft einer Frau, die vielleicht vor einem Supermarkt eine Obdachlosenzeitung verkauft, einen Wareneinkauf und schenkt ihn ihr. Das heilt gleich mehrere Herzen, übt euch in Mitgefühl und schenkt die Erkenntnis, wozu Geld auch dienen kann.

Seid immer fair, unterstützend und großzügig im Umgang mit Geld und Menschen, dann werdet ihr dieses auch in eurem Leben erfahren. Wir wissen, dass jeder schon mal negative Erfahrung in Sachen Geld gesammelt hat. Legt deshalb fest, wie ihr in Zukunft mit Geld als neutralem Lehrer sein wollt.

6.2 Ach ja, da war noch was – Erotik, Sex und einfach locker sein

Auch das Thema Sexualität wird oft, genauso wie Geld, „missbraucht". Wir sprechen das ganz offen an. Es ist egal, ob es darum geht, dass Sexualität für Nähe, für Ausdruck der Liebe, Stressabbau, den Kick im Leben, Machtausdruck oder einfach Gelüste steht – es wird sehr viel damit verbunden. Um Sexualität wird gerade in unserer Zeit genauso ein Stress gemacht wie im Bereich Geld. Sexualität ist sehr schön und es gibt ein paar grundsätzliche Regeln, damit das der Fall ist. Wird es jedoch nur zur Bedürfnisbefriedigung und zum Stressabbau genutzt, dann wird das hin und wieder mal prickelnd, aber nicht dauerhaft nährend sein. Wird es in Bewusstheit praktiziert, mit Offenheit, guter Kommunikation und Wertschätzung, dann können sich ungeahnte Kräfte und ganz neue Erlebnisse zeigen. Möglich ist dann zum Beispiel ein Kundalini-Aufstieg, wobei der Orgasmus vom Becken bis zum Scheitel gespürt werden kann. Auch die Ausübung von ganz langsamer Sexualität ohne Druck ist eine schöne Variante, sich in der Tiefe näherzukommen.

Sexueller Missbrauch, egal, ob bei Mann oder Frau, können aus diesem Leben, aus vorherigen Leben oder aus der Ahnenlinie mittransportiert worden sein. Das will selbstverständlich geheilt werden. Wir wissen auch, dass gerade in diesen Zeiten, in denen der Stresspegel und der allgemeine gesellschaftliche Umbruch sehr heftig sind, Sexualität nicht immer Priorität Nummer eins ist. Aber Sexualität kann dich nähren, kann dir Tiefe schenken.

Wir haben oft die Erwartungshaltung, dass es auch nach Jahren des Miteinanders genauso prickelnd sein muss wie am Anfang der Beziehung. Das ist aber meistens nicht so. Und die gute Nachricht ist: Du kannst in der Beziehung Seelentiefe und körperliche Nähe zusammenbringen. Das ist sicherlich nicht so ein Rauschgefühl wie am Anfang der Beziehung, aber es ist Balsam für die Seele, in dieser Tiefe zusammenzukommen.

Willst du das? Dazu gehört allerdings, sich die im Buch erwähnten Themen genauer anzuschauen. Sex kann zwar die pure Anziehung sein, aber wenn der Rest nicht stimmt, wird es langfristig nicht die Seele erfüllen.

Was sind deine Erwartungen an Sexualität? Woher kommen die sexuellen Wünsche? Sehr oft ist es so, dass es gerade durch die „Hollywoodpornografie“ übertriebene und falsche Bilder gibt, die nur eine Kunstwelt kreieren, die selten in der Realität existieren.

Was möchtest du im Bereich Sexualität erleben? Welche Rahmenbedingungen wünscht du dir dazu (besonderer Ort, gute Gespräche und so weiter)? Wo provozierst du oder der Partner Streit oder Stress, damit sich sexuelle Energie aufheizt?

Was macht dich aktuell nicht glücklich in der Sexualität?

Wozu möchtest du Sexualität erleben? Was möchtest du fühlen? Habt ihr ähnliche sexuelle Vorlieben oder total unterschiedliche? Bist du in deiner Sexualität gehemmt? Wünschst du dir Sexualität und wenn ja, in welcher Form? Was wünscht du dir von deinem Partner? Gibt es Bereiche in deinem Leben oder auch traumatische Erinnerungen, die du mit ausgefallener Sexualität ausgleichen möchtest?

Es geht bei unseren Fragen nicht darum, eine bestimmte Form der Sexualität als gut oder schlecht zu bewerten, aber auch dieser Bereich darf sich den „Bewusstseinsfragen“ stellen. Wir empfehlen auch hier, innerhalb der Partnerschaft darüber zu sprechen. Das löst so viel inneren Druck.

6.3 Wir sind ja schließlich nicht allein – es gibt auch noch unsere Kinder. Das macht es nicht leichter

Das ist wahr. Wenn ihr Kinder habt, werdet ihr feststellen, dass die „Kleinen“ euch als die großen Meister der neuen Generation den Spiegel direkt vor die Nase halten. Und was seht ihr da? Euch oder euch in klein. Niemand bringt euch so sehr in euer Wachstum wie die eigenen

Kinder. Niemand zeigt euch so deutlich euer eigenes „Superego“ wie der Nachwuchs. Und niemand zeigt euch mehr, was bedingungslose Liebe ist, als die großen Seelen in den noch kleinen Körpern.

Gerade um den Kindern eine liebevolle und gute Zukunft zu bieten, ist es unabdingbar, bewusst an sich zu arbeiten. Denn alles, was im Unbewussten bei den Eltern ist, zeigt sich bei den Kindern. Egal, ob ihr euch trennt oder zusammenbleibt – seid mutig und richtet den Blick auf euch selbst.

Wenn ihr eure Beziehung stärkt, ist das die beste Basis für eure Kinder. Wir möchten im Kontext der guten Beziehung auch hier gnadenlos ehrliche Fragen stellen.

Warum hast du Kinder bekommen? War der Mann / die Frau dir wichtig oder nur Mittel zum Zweck? Ist das der Kitt, der euch zusammenbleiben lässt oder hält?

Die meisten Paare sagen immer, ihre Kinder kommen zuerst, denn die verlassen einen nicht, sie sind ja ihr Fleisch und Blut, und danach kommt der Partner.

Allerdings, um eine gesunde Basis zu haben, ist es für die Kinder gut, den Partner an erste Stelle zu platzieren, um so den Kindern das Bestmögliche zu geben. Oder willst du die Nummer zwei an der Seite deines Mannes sein und die Kinder oder wer auch immer spielt die erste Geige?

Sind die Kinder bereit für eine Trennung? Wo werden die Kinder vorgeschoben? Ist es möglich, die Ausrichtung zu haben, sehr gute Eltern zu sein, den Kindern eine wunderbare Kindheit zu ermöglichen, und zwar so, dass jeder heilt und glücklich ist? Das Benehmen der Erwachsenen wie kleine, gekränkte Kinder oder das Ego-Monster-Spiel zerstört die glückliche Ausrichtung, die man für die Kinder hat beziehungsweise haben sollte.

Wo erfahren die Kinder Missbrauch im Fight-Club der Eltern? Und ist das fair?

Wir wissen, dass gerade diese Fragen sehr schmerzhaft sein können, aber ein Kind braucht nun mal beide Eltern und aus diesem Grund gilt: „Wer seine Kinder liebt, packt sein Ego zur Seite, schaut seine Ängste, seine Zweifel, seinen Selbstwert und seine Verletzungen an und entscheidet sich für die Liebe, Klarheit und Ehrlichkeit in Selbstverantwortung."

7 Wenn es doch nicht funktioniert

7.1 Wie trenne ich mich energetisch richtig, sodass es kein schlechtes Karma hinterlässt?

Richtig trennen von einem Partner, damit es nicht im nächsten Leben gegebenenfalls eine unangenehme Wiederholungsschleife gibt, das bedeutet, unverarbeitete Beziehungsmuster nicht in einem neuen Leben wiederholen zu müssen. (Karma hat in diesem Kontext etwas damit zu tun, dass man etwas energetisch nicht Abgeschlossenes zwangsläufig wiederholen muss, bis es abgearbeitet ist.)

Aber diese Vorgehensweise ist nicht nur sinnvoll bei einer Trennung, sondern ist ebenfalls eine gute Vorgehensweise, um Konflikte zu bewältigen.

1. Beide gehen in den Prozess der Vergebung. Manchmal fällt es uns schwer. Deshalb bietet sich hierzu ein Ritual an.
2. Wünsche dem anderen nur das Beste von ganzem Herzen.
3. Für uns/euch Frauen ist es wichtig, die Gebärmutter energetisch zu reinigen. Solltet ihr euch zu einer Trennung entschlossen haben, dann ist es sinnvoll, als Frau auch die energetische Trennung von der Gebärmutter zu dem Mann vorzunehmen. Denn ansonsten hält die Frau weiterhin energetische Verbindung und versorgt den Mann. Das kostet sie Kraft und Energie.

4. Bleibe in deiner Eigenverantwortlichkeit und gehe nicht in den Vorwurf. Alles hatte seine Berechtigung zu seiner Zeit.
5. Jeder von uns ist hier, um sich zu entwickeln und zu wachsen. Segne die gemeinsame Zeit mit all den Dingen, lass los und gehe ganz ohne Groll.

Schlusswort

Wir sind uns darüber bewusst, dass dir dieses Buch, gerade wenn du dich mitten in deinen Emotionen befindest, Hinweise gibt, aber nicht die Beziehung für dich retten kann.

Wir wissen auch, dass es viele Aspekte sind, die eine glückliche Beziehung ausmachen, aber eines kann man sicherlich sagen:

Starte damit, dass du dir zunächst selbst das Versprechen gibst, alles dafür zu tun, um dein Bewusstsein zu steigern und in eine positivere Schwingung zu kommen.

Selbst wenn du nicht sofort weißt, wann und wie du jetzt mit allem starten sollst. Die Ausrichtung, selbst wenn es weitere Schwierigkeiten gibt, ist erst einmal die wichtigste Basis für dein Handeln.

Auch wenn du dich vielleicht fragst, wie du das jetzt machen sollst, wo dein Partner sich nicht wirklich für Spiritualität und Bewusstsein interessiert und sich gegebenenfalls einer Beratung oder eines Beziehungscoachings verweigert, habe innerlich das klare Bild einer glücklichen Beziehung. Gehe in dieses innere Bild hinein. Sehr gut ist, das in einer Meditation durchzuführen. Fühle, wie es ist, in dieser glücklichen Beziehung zu sein. Spüre die Nähe zu deinem Partner auf der geistigen, körperlichen und auch auf der spirituellen Ebene. Wie sieht euer gemeinsames Leben aus, selbst wenn du jetzt gerade nicht weißt, wie du dieses Leben herstellen solltest. Selbst wenn es dir wie ein schöner Traum vorkommt, der gerade weit weg ist – das ist der erste Schritt, um zu starten.

Wir wissen, dass es möglich ist, auch aus der jetzigen Perspektive heraus unmögliche Dinge in der Beziehung zu haben.

Deine Absicht und dein innerer Wunsch nach dieser schönen Beziehung ist der erste Schritt. Und wir wissen auch, dass, sobald der persönliche Veränderungsprozess in Gang gekommen ist, der Partner oft folgt, da er die Veränderungen spürt oder natürlich auch am Verhalten beziehungsweise an der höher schwingenden Energie erkennt.

Wir sind da, wenn du uns brauchst, denn deine Partnerschaft ist immer der beste Ort, der Turbo sozusagen, für deine persönliche Entwicklung – selbst dann, wenn es sich erst einmal nicht immer positiv darstellt.

Aktuelle Informationen findest du auf unserer Website:

Dajana und Uwe Meißner
https://www.dajanaunduwe.com
oder per Anfrage via E-Mail: info@dajanaunduwe.com

Liebe Leserin, lieber Leser,

hat Ihnen dieses Buch gefallen? Wir freuen uns über Ihre Verbesserungsvorschläge, Kritik und Fragen zum Buch.

Die Meinung und Zufriedenheit unserer Leserinnen und Leser ist uns sehr wichtig.

Kontaktieren Sie uns deshalb gerne und schreiben uns eine E-Mail an *feedback@eulogiaverlag.de*

Wir freuen uns auf Ihre Nachricht.

Herzlichst

Ihr Eulogia Verlags Team